Lorbeer
Literaturverlag

ISBN 978-3-938969-36-6

TRÄUMENDE TONSPUR

Lorbeer - Verlag
Bielefeld 2014

Vorwort

Dieser hochwertige Lyrikband enthält die besten gut 360 Gedichte des internationalen Literaturwettbewerbs *Lyrischer Lorbeer 2014,* bei dem sich fast 1000 Autorinnen und Lyriker aus 16 Ländern um den Lyrischen Lorbeer in Gold, Silber und Bronze bewarben. Neben zahlreichen Einsendungen aus ganz Deutschland, Österreich und der Schweiz erreichten das Verlagslektorat auch Gedichte aus Norwegen, den Niederlanden, Italien, Griechenland, Spanien, Ungarn, Polen, Lettland, Weißrussland, der Türkei, Thailand, Japan und den USA. Allen Teilnehmern die den Wettbewerb bunt und vielfältig machten einen herzlichen Dank!
Ausgezeichnet wurden in diesem Jahr die durch ihre Metaphorik überzeugenden Gedichte *schwierig*, *Ich sehe uns noch Schneerosen pflücken* und *Tonspur* der Autoren Michael Starcke (Bochum), Barbara Gregor (Berlin) und Dr. Sebastian Hage-Packhäuser (Freden).
Alle für die Anthologie ausgewählten Beiträge wurden behutsam zu einer poetischen Tonspur vereinigt und ergeben ein assoziatives Gesamtkunstwerk. Um den imaginären roten Faden zwischen den Gedichten aufzunehmen, bietet es sich daher an, den Gedichtband chronologisch zu lesen, um somit das feine Motivnetz aus Bildbausteinen intensiv wahrnehmen zu können. Gehen Sie zwischen den Tönen auf lyrische Entdeckungsreise und genießen Sie eine Sinfonie stilistischer Vielfalt und fantasievoller Poesie.

1. Platz: **Michael Starcke – *schwierig***

2. Platz: **Barbara Gregor – *Ich sehe uns noch Schneerosen pflücken***

3. Platz: **Sebastian Hage-Packhäuser – *Tonspur***

Weitere Platzierungen sind auf der Homepage www.lorbeer-verlag.de nachzulesen.

*Bruno Füchslin *1953*

Blattblau

Frost zieht auf in dieser Nacht.

Ausläufer der unterkühlten Stunden
modellieren erste Folien
von hauchgedünntem Blattblau
auf die Gräser.

In den Wäldern stirbt der Tag
in weißer Einsamkeit.
Der Nebel zaubert
spitze Nadeln an die Äste.

Die Kälte ist der Klebstoff
für die Zerbrechlichkeit
des Lebens und prüft
den Pegelstand der Seele.

*Ivona Bekiopoulos *1969*

Winternacht

Wir lagen nebeneinander,
die Nacht um uns herum
war tintenfarben und
konturenlos,
draußen klirrten Sterne
in erstarrten Zweigen.

*matta lena *1957*

enteiste zeit

aufmerksamkeit
aufs äußerste gespannt
von der keimenden absicht,
die lange gereift unterm eis
deiner wintergedanken

an tausend kristallen
bricht sich das licht
verlockendes kaleidoskop
im feld, das spurlos geatmet
als auf schritte du gewartet

bis du den sprung gewagt
in die enteiste zeit
in den süden deiner seele,
wo der hoffnung volle frucht
im schleifen du zum reifen bringst

in lichte linien eingespannt
zwei keime unversehrt
berührend eingebunden
im losen dialog
labiler wachstumsräume

*Claudia Zentgraf *1967*

Freundschaft

Wir sind immer für einander da
Freunde auf ewig und immer
Beschworen wir
Und glaubten daran
Neugierig streckte der Baum
Sich ins Blaue
Das Blut quoll wie saftige Kirschen
Unser Schwur ist verblasst
Der Baumstumpf trägt
Einen Mantel aus Schnee
Mir ist kalt
Und zeige im tiefsten Raume
Der Nacht
Mit schwitzenden Händen
Auf unser Geheimnis
Liebkosend spüre ich deine Worte
Wir sind immer für einander da

*Stefan Erler *1990*

Es ist nicht kalt

In vier Räumen, voll beheizt,
die Wände isoliert, fast zu gut,
ein weiches Kissen, Daunendecke,
genug Warmwasser, für Stunden zu duschen
ohne jemanden zu stören,
eine Winterjacke neben der Tür.

Nein, es ist nicht kalt,
und dennoch friert man,
wenn man des Abends zurückkehrt
in die Hitze eines leeren Raums.

*Ursula Bohn *1978*

Down South (Antarctica)

Hab deiner Stille lang gelauscht.
Und atemlos versucht,
Mich an dir satt zu sehen.

Verspottet hast du mich.
Und immer neues
Weiß und Grau und Blau gezeigt.

Unnahbar bleibst du selbst,
Als wir dein Reich betreten.
Und stolz dich präsentierst
In deiner rohen Pracht.

Unendlichkeit erstarrt zu Eis.

Nie werd ich deine Schönheit ganz erfassen.
Vermag nicht auszumalen
Wie tödlich kalt dein Antlitz werden kann.

So kost' ich stumm
Ein letztes Mal dein Schweigen aus.
Und kehre heim.
Berauscht, beglückt
Und hab doch nichts begriffen.

*Nadja Scheuble *1976*

Horizont

Weit schweifend,
der Blick über die spiegelglatte Endlosigkeit

Sehnsucht nach eben jenem fernen Punkt am Ende des Horizonts

Im Anfall arglistiger Selbsttäuschung gezielt gewählt

Ist es doch so unerreichbar,
eben jenes,
das uns zur Vollendung gereicht

*Adelheid Anna König *1965*

Frostwarnung

manchmal
erfriert ganz allein
ein vereinzelter trinker
im sternenhagel, nachts,
zu menschenleerer stund'

vor allem, wenn winter ist.

was lernen wir daraus?

: im schafstall ist noch keiner erstunken.
: die freiheit ist kein warmer mantel nicht.
: wer seine ruhe hat, dem spielt keine musik.

: wo keiner ist, dir deinen letzten nerv
  zu ziehen, tobt er ungezogen, und

: auf der zeit, die dir niemand stiehlt,
  wirst du vielleicht noch sitzenbleiben.

daran also denke!
beim nächsten
jetztaberwirklichunddiesmalfürimmer-aufbruch
ins nächste
diesesmalsicherendlichganzandere!

zumindest, wenn winter ist:
denk daran!

*Gerburg Tsekouras *1944*

Der Ärmste (in memoriam)

Er hat
niemandem je
eine Rose geschenkt

nicht seiner Mutter
nicht seiner Liebsten
nicht seiner Frau
und auch nicht sich selber

Darum war er
aß er auch stets
von vollen Tellern
und hatte
klingende Münze
in seinen Taschen

der Ärmste
unter den Menschen

*Barbara Winkler *1995*

Engel der Hoffnung

Es wölbt sich der Sterne Gefilde
hingegen dem Atem der Nacht,
als wär aus der Einsamkeit Tiefe
ein Engel der Hoffnung erwacht.

Dem Wahnsinn des Alltags begegnet
der Zauber von Stille und Leid
und hier, in der Dunkelheit, kreuzt sich
mein Blick mit der Ewigkeit!

*Marianne Ottersdorf *1947*

Rose im Eis

Rose im Eis.
Spinnengewebe
flatternd an ihr.
Filigran.

Frostiger Wind
streift drüber
hinweg,
über die Rose im Todesschlaf.

Sie träumt
von der Ekstase
des
Blühens,

sie träumt
vom leichten Nichts
des
Schmetterlings,

sie fühlt
ihren Duft verströmen,
die Einheit durch ihn
mit dem All.

Sie, die Rose
im Eis!

*Iris Muhl *1970*

Zikadenfeuer

Ein Traum wie eine Kreuzspinne
mit mangelnder Menschenkenntnis
klamm und aufgequollen
wie ein deutsches Schlagerlied
niemand will dieses Netz renovieren
bis die Zikaden darin Feuer legen
und ich mich selbst im Schneefeld
verschwinden höre

*Nika Baum *1960*

Sehnsucht

Sehnsucht scheint in mein Gesicht,
brennt in meinen Augen
und in meinem Bauch.

Sehnsucht scheint ganz warm,
wärmt mir meine Hände
und enteist mein Herz.

Sehnsucht scheint zu fliegen,
landet neben mir
und summt in meinen Ohren.

Sehnsucht scheint seit Jahren
mir täglich in die Nacht
und bringt mir deine Liebe.

*Margitta Prehn *1963*

kaltes herz

kalt ist dein herz
kalt kälter am kältesten
sehnsucht die keiner kennt
wozu auch

war naiv und hab geglaubt vertraut
zu spät hab ich gesehen und gehört
was du schon wusstest
und zu spät sagtest

ist liebe nur ein wort
mittel zum zweck
hast gestohlen meine besten jahre
kalt ist dein herz mein's jetzt auch

*Luzia Fischer *1962*

Alte Mühle

alte mühle

im eis erstarrt
rost knirscht und frisst
offene fenster verschließen sich

einmal noch beim zerfall
ein letztes aufbäumen
ein letztes gähnen
ruhe kehrt ein –

dann kam der denkmalschutz

*Elke Bischoff *1951*

Minusamplitude

Nicht gereicht,
um zu fliegen
für längere Zeit,
wie gedacht
im ersten Rausch.

Nicht gereicht,
zu schweben
zu leben,
dem gleichen Wollen
und Sein.

Entzogen,
gelogen,
verschwiegen,
vertrunken,
verspielt.
Nicht gereicht.

*Björn Siggelkow *1974*

still & einsam

Herzschmerz!,
welch süßes ursprüngliches Leid,
scheint sich nie aufzulösen,
wie Schneeflocken auf der Seele –

eingebrannt,
vernarbt,
immer wieder aufgerissen,
wie verwachsen,
unzertrennlich,
liegt er still & einsam da,
der Zweifel –
ursprünglich wie er war,
seine süße Ausbeute
kommt immer wieder,
bis sie schmilzt
und dann zu Tränen wird.

*Timo Niepel *1992*

Sommergedicht

Der gleißende Winterstern strahlt auf den Schnee,
Sein Glitzern und Leuchten erstarrt in Kristallen,
Die tanzend und taumelnd auf andere fallen,
Wie gläserne Schiffe auf stürmischer See.

Und drinnen, im Warmen, die prasselnde Glut,
Die gierig verzehret und dankbar verschwendet,
Die feurige Hitze und Heimat dir spendet,
Und Suppe und Speise, die Kraft gibt und Mut.

Vergiss nicht das Funkeln, so, wie es dich blendet,
Versag' nicht den Flammen den lodernden Brand.
Wie glücklich bin ich, der all dieses gekannt!

Der Schnee ist nun fort, wie die Lichter, erloschen.
Für alles, ob Sommer, ob Winter, ist Zeit -
Drum kehr' schnell nach Hause, solang' es noch schneit.

*Regina Jarisch *1956*

Abgefahren

Das Jahr blies Rosenduft und Mandelblüten in den Wind
und alle Gräser sind verdorrt Heu wurd eingefahren und später
wie in allen andren Jahren fielen von den Bäumen gelb und rot die Blätter
manche Seifenblase platzte im Geäst doch meine tapfren Träume blieben hängen
erwachten jung im eignen Garten und in fremden Gassen weiten Kleidern
sie trugen mich durchs wirre Zeitgetös und über jedes Wetter
auch in der frischen Winterkälte wo die Tage müde werden
und Mondlicht spielt mit dem weißen Schnee und Haar
da nehm ich Mantel Schal und Schlitten
und fahr vergnügt ins nächste
Jahr

*Anita Schmuck-López *1962*

Ein erster Strahl

Auf einer weißen Gartenbank
die unter einen Baum ich geschoben
neben einen Stapel verwittertes Holz
sitze ich nun mit Jacke Mütze und Schal
den Blick zur Tür.

Eine schnelle Bewegung ein Schatten
ich blicke hinab eine junge Echse
die lautlos sich windet vorbei an mir
bald bewegungslos verharrt
dort wo ein erster loser Strahl
sich sonnt auf morschem Holz
ich löse meinen schwarzen Schal.

Eine ältere Echse schlängelt sich
geschmeidig entgegen ihr wie zum Tanz
sanft berühren ihre filigranen Zünglein sich
ich bücke mich um sie zu bestaunen
doch schon sind sie mir entwischt
nur noch Rascheln im Gebüsch.

Aus deinem Blick ein warmer Strahl
entgegen mir dringt dein Lachen ein Ja
- wann hat die Tür sich geöffnet?
Vogelgezwitscher aus dir ertönt und
Gräserduft schwirrt durch die Luft
du bist zurückgekehrt auch dieses Jahr
zu Ende mein Warten.

Frühlingserwachen.

*Ralf Risse *1969*

Am Rotaugenstrauch

Am Rotaugenstrauch
hingen silberne Klingen.
Im Tanz ihrer Liebe
sie sich verfingen.
Ein Drängeln, ein Schubsen -
voll Leidenschaft . . .
Im Schneetau des Frühlings
nun kochend Saft !
Überflutete Wiesen,
der Winter im Fluss,
ruft's Schuppen an Schuppen -
zum Laichgenuss.

*Rebecca Lambert *1994*

Frühlingswinter

Wintersonne brennt auf meine Haut
Vom kristallklaren Himmelsdach.
Halb träumend und doch ganz wach
Lausche ich dem Vogellaut.

Meine Jacke liegt neben mir,
Die nackten Füße kitzelt Gras
Und wovon ich einst träumend las,
Wurd' zur Wirklichkeit hier.

Blumen sprießen aus dem Boden,
Enten schwimmen auf dem Teich,
Hände fassen sich so weich,

Ich sehn' mich nach Gitarrenklang,
Der leis' der Vögel Sang
Friedlich untermalt.

*Susann Behrisch *1963*

Frühling

Sieh an. Der Frühling hat zugeschlagen.
hat Erde aufgemeißelt,
Blumen durch die Löcher gesteckt,
überall schleichen Igel herum,
Vögel proben ausdauernd Figaros Hochzeit,
Knospen werden mit dosierter Wärme
aus den Zweigen gelockt,
Frösche bekommen eine Liebste an die Seite,
damit sie endlich quaken.
Selbst die Sonne wurde bestochen,
damit sie länger scheint.
Der Motor neuen Lebens springt an.
Und alles nur für uns Menschen.

*Martin Stauder *1958*

wie der frühling

dein frühlingslächeln
wie eine rose im wind
bringt mich ins wanken

lippen entzücken
und dein kuss macht mich mundtot
pusteblumenzart

wir werfen netze
und versinken in das blau
unseres himmels

*Dyrk-Olaf Schreiber *1954*

Das Neue hält

Die Sonne zieht nicht derb
das Neue aus der Flur,
es selbst haucht, streckend sich,
Ich werde! zur Natur.

Die Sonne führt ganz sacht
das Werden an die Brust,
dort selbst bekennt es sich:
Zu wachsen hab ich Lust!

Die Sonne greift nun fest
nach ihrer Frühlingswelt,
sie selbst gibt Zeugnis sich
und weiß: Das Neue hält!

*Philipp Espelage *1986*

Wunderschön

"Wunderschön!"
Sagen meine Augen.
"Liebliche Stimme!"
Sagen meine Ohren.
"Traumhafter Duft!"
Sagt meine Nase.
"Ich liebe dich!"
Sagt mein Herz.

*Pawel Markiewicz *1983*

In deinen Worten

In deinen Worten
suche ich ein schönes Gefühl
deine Worte
umarmen meine Seele
sowie der Wind
der den Blumenduft trägt
in deinen Worten
gibt es eine Geborgenheit
und die Erfüllung vieler
vom Zaubergeist
entkommener Träume

*Sebastian Heim *1980*

La Belle

Was sie sich wünscht
Geht in Erfüllung:
Das Licht wird zu ihrem Fenster
Wenn sie die Hand ausstreckt
Zeit tropft ins Glas
Wenn ihre Lippe trocken und durstig werden
Sie zeigt ihre Blüten
Und bekommt ewige Sonne,
Es wird Nacht
Sobald sie die Augen schließt
Ihre Blätter sind beschrieben,
Versorgt und strahlen
Bei jeder Berührung –
Jetzt, sagt sie,
Jetzt blute –

*Carsten Rathgeber *1959*

Seide

Inmitten all der Seide
Enthüllt sich ein Gedanke
Als Gruß der Himmelsgärtner.

Wörter umranken Fäden.
Verdeckt im Grund träume ich
Unbeschwert vom Sein, vom Licht.

Unerwartet sehe ich
Deine Gesten und Lippen,
Die roten, und höre Dich
Im Gewirr der Katakomben.

Damals, so erzählen sie,
Tanzten wir so geschmeidig.
Doch jeder spielte nur für sich.

Schmetterlinge umhüllen
Mondbrände und das Schwere.
Die Stimmungen entgleiten.

*Olaf Kurtz *1968*

Hotel der Somnambulen

im Hotel der Somnambulen
atemlangsam
erwacht
noch regendunkel
unsichtbar
beinah
in Gedanken zerrissen
auf Duftflügeln der vergangenen Nacht
durch das Mimengeäst
schwingender Blicktiefen
abwegig
unter die glasblauen Wimpernbögen
geführt
bis an das Lippenrot
eines Kusses

*Sr. G. Maria *1987*

Endlich

träumen
davon wie es wäre

Bilder malen in tiefen Farben
mir nichts verbieten müssen
fühlen dürfen, kosten

zitternd, herzklopfend
mich herantasten
wagen nah zu sein

Grenzen spüren
die hoffen lassen
auf mehr

*Alexandra Wolf *1994*

Unschuldsgrün

Ich wär so gerne
unschuldsgrün
wie zarte Blätter
jeden Frühling
ganz neu und frisch
bedenkenlos.

Ich würd so gern
vor Leben strotzen
die Welt verklärt
durch Sonne sehen
zitternd lieben
erwartungsvoll.

Ich wär nicht gerne
unschuldsgrün
wie zarte Blätter
einen Frühling
denn im Herbst schon liegen sie
zertreten auf dem Boden.

*Levent Oguz *1987*

Mitten im Mai

Leise zieht der Fluss
an mir vorbei.
Da lachen Kinder
und Frauen niesen
ach, sie streuen Blumen!
Ich sitze auf den Wiesen.
Mitten im Mai
fühl' ich zweierlei,
Freud und Leid durch sie
es dämmert in den Straßen jetzt
ein Hauch von Nostalgie

*Dagmar Palmer *1958*

Freudenrausch

Wolkenloser Himmel leuchtet
märchenhaft im Maienglanz
und auf Glückes weiten Bahnen
spielt die Welt zum Frühjahrstanz.

Gelb bemalen Blumenkinder
Tales sonnenhelle Auen,
winken fröhlich schmucken Häusern,
die vergnügt die Landschaft schauen.

Herzerwärmend wiegt sich leise
buntbekränzter Erde Kleid,
Melodienreigen klingen
heiter in der Frühjahrszeit.

Frohbeschwingt und hoffnungsselig
atme ich den Augenblick
und berührend, unvergessen
weicht der Schmerz, der mich bedrückt.

Fröhlich streckt blühendes Leben
seine Arme nach mir aus
und weckt sanft, herrlich befreiend
meiner Seele Freudenrausch.

*Sigune Schnabel *1981*

Dämmern

Hoch am Turm schlägt sich
die Stunde ins Gemäuer.
Ich harre noch am Fuß,
vermag es nicht,
ihr Muster zu erkennen.

Ein Pochen weht in mein Gesicht.
Das letzte Licht
des Abends löschen Wellen.
Der Lebensstrom ist jetzt
so seicht und spricht
verworren.

Im Fluss werden Gedanken weich
und springen leis,
bis sie verschwimmen.

*Christiane Lehmann *1966*

Im Strudel der Nacht

Tief blau färbt sich der Tag
Wolken schwinden
Still wird's und klar
Nur die Gedanken kreisen noch
Wollen ihr Rinnsal finden
Und strudeln durch die Nacht

Bis sie sich betten
Und Wort für Wort
sich aneinanderschmiegt
Dort wo sie sicher schlummern
Bis der Morgen
Sie weckt und hebt

*Martin Trimmel *1982*

Frühstück

ein junges Mädchen
blass und mager
entsteigt dem Gebüsch
im Schritte wundersam

Frühstück! Warum?
Weil nun jetzt ist
und die Sonne sagt Licht

wir tanzen
die Substanz verspricht
uns Ewigkeit

während sie verdampft
mit dem Schweiß in der Sonne
und sich auf die Wiese legt
als Morgentau

*Luca-Leandra Nusche *1998*

Sonnenaufgang

Sonnenkuss,
wie lieblicher Gruß,
wie hellwacher Traum,
im goldenen Schaum.

Warten gespannt,
bis der Berg, der die Sonne noch verbannt,
uns endlich Sonnenregen schenkt,
der jeden Herzschlag auf sich lenkt.

Nun fließen die reißenden Flüsse,
wie tiefrote Küsse,
prickelnd über die Haut.

Und bringen sie mit,
einen sanften Ritt,
in den neuen Tag.

*Elisabeth Menke *1956*

Ein junges Paar

Stibitzt den Duft
es gibt nichts zu teilen
unterwegs die Fährte verwischt
Löcher im Bauch gefunden
und zum Lachen gebracht.

Sie streuen
Dampf und Nässe
auf jedes Haar
knausern mit Raum
nachtwarm
umschlungen
zusammen geschnürt
so mutterseelenallein.

*Anita Prugger *1964*

staccato

atemhaar
fingerblick
zungenohr
wortlust
bauchglut

mehrmehr

herzgalopp
schenkelhand
brustmund
schamnabel
leibbogen

mmmhmhhh

*Claudia Diana Elas *1967*

Venus

Fuchsrote Dämmerung
gleitet mäandernd
zwischen kühle Laken
Resonanzkörper spürend
fingrige Verästelungen
summen jenes Lied
"Le petit Mort"...
das Füllhorn neigt sich
zu liebkosen jene Schöne
in leisem Sternenglanz
sie bergend im Trost
des Augenblicks

*Romina Frenzel *1994*

Ein Mann

In seine Atmosphäre eingedrungen,
seine Luft eingeatmet,
Leichtigkeit und Erhabenheit -
ein wabernder Wohlgeruch.

Eingehüllt mit allen Sinnen,
sein Duft betört,
bravourös hält er mich fest,
gefangen in seinem Dunstkreis.

Sein Seufzen erregt,
erschüttert meine Fassung,
kann mich nicht rühren,
arretiert von seinem Effekt -
ewiglich?

*Maja Loewe *1977*

Hinter dem Kondensstreifen

eines Postfliegers
schlafen noch die Engel
über Wolken kratzenden Dächern
flattern ihre Lider auf Halbmast
und ihre Münder
schweigen in den Morgen
Sich öffnende Nachtkerzenblüten
Die Flügel sittsam gefaltet
zum Stoßgebet

Grell klettert die Stadt
die Betonfesseln der Fassaden hinauf
um durch die Jalousien zu fliegen
über die zerwühlten Laken
einer durchschwitzten Nacht hinweg
ohne sie wieder glatt zu streichen
die Schlaffalten in deinem Gesicht
Neben meinem verdorben
Wie die Milch im Kühlschrank

Wir lecken verschämt unsere Wunden
Frisch gestutzt
Als wären wir soeben aus den Wolken gefallen

*Brigitte Adam *1951*

Mit Dir

In meinen Gemächern
Hoch über den Dächern
Erfass' ich die Weite
Und an meiner Seite
Bist Du!

In wohliger Wärme
Seh' ich Vogelschwärme,
Hör' den Vogelgesang
Bis Sonnenuntergang
Mit Dir!

Musik im Hintergrund
Zu Füßen liegt der Hund.
Das ist Entspannung pur
Das will ich wirklich nur
Mit Dir!

Seh' den Sternenhimmel
Abseits vom Gewimmel
Erlebe einen Traum
Es gäbe ihn wohl kaum
Ohne Dich!

*Diana Stein *1969*

In meinen Träumen schweb ich fort

In meinen Träumen schweb ich fort
von hier zu diesem andren Ort,
den man nicht schnell beschreiben kann.
Nicht gestern, heut. Nicht irgendwann.

Dort treff' ich dich auf einer Wiese
voller Blumen; ... ach ich niese
mich in zwei Sekunden wach.
Verblasste Linien, Traum wird schwach.

Am Tage dann erwisch ich mich,
denk heimlich dauernd nur an dich;
in unsren vielen Traumzeitstunden.
hab ich den Weg zu dir gefunden.

*Josef Haller *1993*

Elf punkt siebenundfünfzig (die Truhe)

es erzählen die menschen im norden
dass wenn golden die sonne im mai -
noch bevor auch ein hauch nur von färbung
des traumschleiers tiefblaue schwere
behutsam entblößt, um das tal
in schütteres leuchten zu tauchen -
die im dämmerschlaf sinnenden stirnen
des halb noch von trugbildgeflechten
aus seide umwölkten gebirgs
mit mütterlich duftender wärme
zum keimenden tag flüchtig wachküsst,
eine truhe aus gleißendem onyx
unter frühnebelfittichen hängt
und quecksilbergleich aus des schreines
von farbgold und kupferquarziten
und sternenstaub trunkenen kern
lapislazuliregen hevorquillt,
um als dampfende himmelskaskade
in die endlosen weiten des mählich
vor erhabenheit sich wölbenden tuches
von azurblauer töung zu fließen,
das in prächtigen farbübergängen
wie ein kuppeldach dehnend sich aufspannt:
darin helios' blitzendes auge
erst schläfrig noch blinzelnd dann wachend
aufs neue zum zirkelschlag ansetzt
und freudig auf leuchtenden matten
das puppenspiel unten erspäht

*Roland Soyta *1973*

Dialog im Himmel

Wie konntest Du es wagen
Dich gegen mich zu stellen?
So muss ich leider sagen,
Dir und Deinen Gesellen:
Einen Ort hab' ich bereitet,
in dem ihr ewig leidet.

Bis dahin bleibt noch etwas Zeit,
ein kleines Spiel zu spielen.
Denn bis zur langen Ewigkeit
sollst Du eindeutig fühlen:
Wir sind nicht in der gleichen Liga
und fest steht schon der Sieger.

Fürwahr, welch glänzende Idee,
die kommt mir sehr gelegen.
Das Spielen ist doch mein Metier.
Allein des Zeitvertreibes wegen,
doch vielmehr ist es mir zur Lust
der Spielfiguren Leid und Frust.

Denn die, die haben uns ersonnen
und gaben mir des Teufels Rolle.
Doch vorm' erlöschen aller Sonnen,
erlischt auch die Idee der Hölle.
Adé, mir zugedachte Qual,
ein Gleichstand ist das allemal.

*Renate Maria Riehemann *1955*

Drei Stufen auf dem Tritt

Drei Stufen auf dem Tritt und
mit ausgestrecktem Arm im Dunkeln
die ausgediente Puppe greifen

Noch immer knapp gekleidet
mit sonst nichts. Angezogen
ausgezogen mitgezogen.

Kinderstriche. Nachgemalt
Augenbrauen Lippen roter Mund.
Sitzt mit Beinen breit und wartet.

Unterwegs verloren. Und war doch
mehr als ich das Kind.
Hat nun ausgespielt.

Schwarzes totgekämmtes Haar.
Mit dem Rücken an der Wand
angelehnt das Köpfchen.

*Laura Breiling *1994*

nächtliche Hände

Ich versuche zu schlafen,
das Handy in der Hand.
Ich versuche zu schlafen,
das Gesicht zur Wand.
In der Hoffnung dass die Hände
diesmal nicht nach mir greifen.
Die Ängste meiner Kindheit
mich diesmal nicht streifen.
Das ich nicht hochgerissen werde,
mitten in der Nacht.
Dass ich schlafen kann,
nur diese eine Nacht.

*Birgit Burkey *1965*

Puppenspieler

Nach deinen Launen
habe ich getanzt,
an Fäden,
die fest mit dir verwoben.

An deinen Worten
habe ich geklebt,
an Silben,
die du dir erlogen.

In deinen Träumen
habe ich gelegen,
in Daunen,
die auf Teer gezogen.

Maskenspieler, Puppenspieler,
niemand kennt dein Gesicht.

*Nils Schehr *1976*

Nachts

Nachts trägt die Erinnerung
deinen Geruch auf ihren Lippen,
perlt von den Wänden,
von der Decke,
durch das dunkle Nichts.

Nachts trag ich Salz
auf meine Kissen
wundgeschwiegen
schweigen meine Lippen.

Nachts wachsen tote Rosen
dornenstarr durch meine Rippen,
fern jeder Blüte,
in der Vase,
wo das Dunkel spricht.

*Julia Kaufmann *1997*

Herzblut

Dort, wo mein Herz liegt
Tief vergraben
Verankert durch die Wurzeln der Bäume
Dringt doch kein Licht durch ihre Kronen
Denn ich bin fern
Meine Hülle, meine Augen, mein Verstand
Nur mein Herz ist es nicht
Dort, wo mein Herz liegt
Bricht nie die Nacht herein
Und doch glänzen tausend Lichter
Wenngleich das Gold erstrahlt und wärmt
Nur mein Herz nicht
Es erstarrt mit jedem neuen Stern
Den es malt
Dort, wo mein Herz liegt
Kann es nicht verweilen und nicht gehen
Zu stark ist der stummen Träume Griff
Fest umschlossen
wartend auf das Versprechen
Das nur ich erfüllen kann
Mein Herz allein kann es nicht
Dort, wo mein Herz liegt
Ging dereinst die Sonne unter
Mit dem letzten Augenblick
Sie ging mit mir
Nur mein Herz tat es nicht
Es zehrt von den letzten Strahlen, bis sie versiegen
Und es mit ihnen
Dort, wo mein Herz liegt
Wird es vergessen

*Ann-Kathrin Schickinger *1998*

Die Entfaltung

Sanfte Wogen der Freiheit
rauschen um ihr Haar,
das goldig blüht,
schwarz und strahlend;
sie, die es ewig zu erfassen
versuchte, bekommt es nun geschenkt.
Was spielt das Leben mit den Leuten?
Ewig lockt es uns
zur Tat
zur Grausamkeit
gepeinigt werden die,
die Schmerzen fühlten,
in unendlicher Fülle.
Mit den Händen kann man nur
zu den Sternen greifen
-Oh Vater!
Was hast du mir getan?

Steine fallen herab, und
reißen Vergangenes mit sich.
Wer glaubt, das Fundament stürze ein?
Solle durch Blut gehen,
das Leben mit seiner Grausamkeit erfassen.
Die Aschenfrauen spucken
auf die Verweilenden,
verspotten sie
mit ihrer ganzen Verachtung
mit ihrem ganzen Leid
-Oh Mutter?
Was hat er mir getan?

*Bastian Klee *1991*

Kinderdank

Dreht ruhig jeden
Stein um
und führt Gespräche

wollt am besten
euer ganzes Leben lang verstehen

versteht dann
und gebt Namen

und dann helft
helft so gut ihr könnt
wenn alles
zusammengewachsen ist

Eltern bieten auch weiterhin
den Stoff für unsere Albträume.

*Pitt Büerken *1945*

Maria - Respekt

Drinnen der dunkle Schatten der Mutter über dir,
sie dir im Nacken, die selbst den Herrgott im Nacken spürt.
In Stube und Stall lastet ihre dunkle Gestalt auf dir,
zieht und zerrt dich, biegt dich und beugt dich,
doch brechen kann sie dich nicht, Maria.

Sie fesselt deine Hände und Füße, würgt dir die Kehle
mit ihren Rosenkränzen, benebelt den Kopf dir mit dem Weihrauch der Popen,
sie sperrt dich in den Keller, sie schnürt dir dein Herz.
Und immer lastet ihre dunkle Gestalt auf dir, quetscht dich und presst dich,
doch brechen lässt du dich nicht, Maria.

Draußen jedoch vernichtet die Sonne den Schatten,
hier kann sie nicht herrschen, hier reicht sie nicht hin,
dich zu schnüren, dich zu bannen in den Schatten ihrer schwarzen Gestalt.
Die Sonne gibt Kraft dir, der Wind entfacht dir dein Leben,
und die Natur macht die Seele dir ruhig.
Die Sterne weisen den Weg dir durch das Dunkel.
Bangen Herzens schreitest du vorwärts, fällst, stehst auf.
Und immer wieder neu setzt du den Fuß vor den anderen.
Hier bist du Maria, frei und lebendig,
hinter der Hecke, die dich schützt, unter den Bäumen, die dich beschirmen,
im Gras, das dich birgt, zwischen den Blumen, die dir lachen.

Die Natur dir ein Nest, das dich vergessen macht,
dich umfängt und Geborgenheit gibt,
dich wachsen und stark werden lässt,
dich werden lässt, wer du bist: Maria.

*Peter Goß *1942*

Hoffnung

Was immer dir auch im Leben geschieht,
du vertraust auf die Kraft der Gerechtigkeit
und bleibst doch als Mensch nur ein Kettenglied,
wenn du suchst nach dem Licht in der Dunkelheit.

Vom Schicksal verdammt in des Daseins Bürde,
gewahrst du den Wert der Erkenntnisse nicht
verfehlst deinen Absprung über die Hürde,
erkennst nicht den Ausweg auf rettende Sicht.

Die Ketten zu sprengen ist dir nicht gegeben,
so lebst du die Jahre im Dämmerlicht,
doch bleibt dein Verlangen und festes Bestreben,
zu schaffen den Weg in die Zuversicht.

Zerbrechen, zermalmen, dem Untergang weihen,
das Glied in der Kette, das dich düster umfängt,
und Kraft deines Willens den Lichtstrahl befreien,
der in Freiheit leuchtend deine Sorgen verdrängt.

*Thalissa Scheed *1997*

Machtlos

Dieses drückende Gefühl, der Machtlosigkeit
Lass es los!
Diese verlorene Träne, der Machtlosigkeit
Wisch' sie weg!
Dieser leere Blick, der Machtlosigkeit
Leg' ihn ab!
Dieses Leben macht dich so machtlos.

*Ute Latendorf *1951*

Leben lernen

Von der Sonne lernen
zu wärmen,
von den Wolken lernen,
leicht zu schweben,
von dem Wind lernen,
Anstöße zu geben,
von den Vögeln lernen,
Höhe zu gewinnen,
von den Bäumen lernen,
standhaft zu sein.

Von den Blumen
das Leuchten lernen,
von den Steinen
das Bleiben lernen,
von den Büschen im Frühling
Erneuerung lernen,
von den Blättern im Herbst
das Fallenlassen lernen,
vom Sturm
die Leidenschaft lernen.

Vom Regen lernen,
sich zu verströmen,
von der Erde lernen,
mütterlich zu sein,
vom Mond lernen,
sich zu verändern,
von den Sternen lernen,
einer von vielen zu sein,
von den Jahreszeiten lernen,
dass das Leben immer wieder
von neuem beginnt...

*Silke Hoss *1986*

Der Weg

Scheue Augen am Wegesrand,
gelbrote Blätter auf weißem Sand,
ein Windstoß, der die Blüten zum Tanzen bringt,
roter Mohn, von Brennnesseln umringt.

Angst, die in ihre Glieder fährt.
Wut, die in ihrem Herzen gärt.
Ein Steg hinaus aus ihrer kleinen Welt.
Ein Weg, auf dem sie die Luft anhält.

*Pashiba *1961*

Traumaperlen

Meine Traumaperlen steigen auf
Bilder, Episoden aus vergangener Zeit
Aufgereiht auf eine Kette

bestehend aus Eiswürfeln
Gefühle der Verlassenheit
Ausgrenzung
Unachtsamkeit

Das kleine verletzte Mädchen in mir
immer wieder Zuschauer
abgetrennt von der Unwirklichkeit

Musterketten finden sich
erste Lösungsansätze
wohltuende Auflösung
Wandlung

Schritte zum Schutz
und zur Heilung

*Jana Lobe *1998*

Minenspiel

Ein neuer Zug
berauschender Schreibfluss
saug die Worte ein
Innere Tinte macht blaublütig

Meißelt's mir auf die Haut
paust es ab
auf das
Schriftstück, das Silben pumpt

Ritzt es in die Seele
schreibt es mir aufs Haupt
meine Worte meine Rede

durchdringen den Leib
gezeichnet
von den Qualen

Lasst sie offensichtlich werden

Pinselt's mir auf den Bauch

Im Guten wie im Schlechten

Verewigt.

*Samson Cvetkovic *1985*

Wie Pech und Schwefel

Du und ich.
Ich und du.
Du und ich.

Wir sind wie Pech und Schwefel.
Wie Ying und Yang.
Wie die knusprige Kruste
und das saftige Fleisch
auf einem brutzelnden Hühnerschenkel.
Unzertrennlich!
Keiner kann ohne den anderen.
Ich kann ohne dich nicht
und du kannst ohne mich nicht.
Auch wenn die anderen
und manchmal auch wir selbst
uns das einzureden versuchen.
Wir sind ein unzertrennliches Zweigestirn.
Wir sind wie siamesische Zwillinge,
die bei der Geburt auf brutalste Art und Weise
voneinander getrennt wurden.
Zwei wie Pech und Schwefel.

Drum lass mich dich jetzt nehmen,
aus diesem gläsernen Gefängnis befreien
durch meine trockene Kehle rauschen
und einen Teil von mir werden lassen.

Ich will es!
Und ich weiß,
dass du es mindestens genauso willst.

*Stephan Gräfe *1990*

Im Zentrum der Gesetzmäßigkeiten

Wir sind für die Folter geboren

Auch Blumen machen das nicht vergessen;

geschnitten und gebunden stehen sie in einer Vase auf dem Esstisch
und verhöhnen mich mit ihrer Künstlichkeit

Gegen die Planmäßigkeit der anarchischen Natur

Für das Chaos der systematischen Ordnung

Ein dichtes Netz aus kommunikativen Leitungen,
es umhüllt dich wie ein Kokon und du erstickst
während Andere sehen wie das Licht deiner Netzwerkpräsenz verglüht

*Willibald Ferstl *1987*

das geheimnis der kunst – der ewige frühling

Wenn nur die brust an diesen stirnen bricht,
Sein aug aus trotz auf ihrem haupte läge,
Dann stützte nur der bronze leichte schräge
Ihr schau'n, doch jede dieser flächen spricht;
Aus ihren lippen drängt noch letztes glühen.

Als hätte sich mein geist nicht zur genüge
An des wesens kunstvollem gefüge
Abtherapiert – wozu den atem noch bemühen?
Es führt kein einz'ger weg aus dieser form –
Das ein und aus im sog: Struktur.

Was heizt den ausdruck dieser eitlen kreatur,
Dass ich voll leidenschaft und leisem zorn
Versuche ihr die seele einzupressen?
– bemüht – seit stunden – völlig selbstvergessen.

*Lucia Kling *1994*

Herz aus Eis

Eine Strähne fällt ihr ins Gesicht.
Seine Fingerspitzen landen wie Federn auf ihrer Wange.
„Du bist mein Mädchen jetzt.“,
sagt er und öffnet die gläserne Vitrine.
Stellt sie zur schau, doch hält sie fern genug von allem.

Tag für Tag allein gefangen.
Menschen beneiden gaffend ihre Schönheit.
Während hinter hübscher Hülle,
die Einsamkeit ihre Seele frisst.
Und ihre helle Haut immer mehr zu kaltem Porzellan erstarrt.

Das silberne Korsett sitzt eng,
nimmt ihr gar die Luft zum atmen.
Sie kämpft schon lang mit ihren Kräften.
So hübsches Haupt sollt in dieser Nacht versagen.
Doch sieht keiner je ihren Fall zu Boden.

Da, mit lauten Schritten durch die Tür naht auch die Hoffnung.
Ihre Hand weit ausgestreckt zu ihm.
Schreit geradzu „Ich kann nicht mehr!“
„Wie? Findest kein Gefallen an deiner, meiner Liebe?
Dacht du wolltst mein Mädchen sein?“

*Kathrin Haitchi *1993*

Freiheit

Gehasst und verdammt,
den Spiegel bespuckt.
Die Seele getreten,
die Worte geschluckt.
Das Schweigen,
so lautlos,
so still und so klar.
Gelassen von allem,
was einmal war.
Kein Blick zurück.
Ist es vorbei?
Verzweifelt hör ich,
meinen Schrei.
Zerreißt die Stille,
in meinem Leben.
Vereist die Liebe,
die ich gegeben.
Nun sieh' mich an,
mein Herz entzwei.
Der Körper kaputt,
doch die Seele ist frei!

*Ruth Tuschewski *1998*

Worte als Waffen

Ich fühle dein Messer,
als es wieder eindringt.
Ich spüre die Schärfe,
mit der es mich verletzt.
Kein Blut.

Denn du,
du gebrauchst deine Worte
als Waffen.
Doch deine Stiche schmerzen nur
weil ich noch Angst habe.

Ich fühle dein Messer
tief unter meiner Haut
Du nutzt die Schärfe
um mich klein zu machen.
Keine Reue.

Denn du,
du gebrauchst deine Worte
als Waffen.
Doch deine Stiche sind nur tief,
wenn ich noch wehrlos bin.

Ich fühle dein Messer,
als du wieder zustichst.
Durch meine Schmerzen
möchtest du noch größer werden.
Keine Träne.

Denn du,
du gebrauchst deine Worte
als Waffen.
Dich werde ich keine Träne sehen lassen.
Bedenke nur, je größer du dich machst,
desto härter wirst du auch fallen.

Ich fühle deine Worte,
du willst mich zum Fallen bringen.
Ich habe mein Herz verschlossen
und nur Worte könnten es öffnen.
Keine Waffen.

*Janine Balzer *1994*

Gewitterworte

Abgeschlossen, ausgesperrt
Ich weiß nicht wohin
Wem kann ich noch trauen?
Was macht schon noch Sinn?

Kein Wort ist richtig
Kein Ton hilft mehr
Alles was mal war
Wird einfach nicht mehr sein

Ein Wasserfall, Zusammenbruch
flehende Hände, bittender Mund
die Stille, das Klirren
mein Herz- in tausend Scherben

der kalte Blick, zu Eis erstarrt
die warmen Augen, Gewittersturm
Hoffnung verschwindet, Einsamkeit
Ein Blick sagt mehr als alle Worte

*Heidi Eckstein *1982*

zwischen dem stau

weder und noch haben sich
in deinem atem verhakt
ungeübte augen
verlaufen sich in deinen sturen tönen
(deine zweite meinung räkelt sich im hinterhalt
trifft sieben wochen später ein
längst nach der schlacht).

unsere sprache tappt in einer grünen nacht
wir lernen uns
mit arggewohntem eifer mit
unsern fremden zungen
zensieren unsre zeichen.
Ich hagele umsonst
ich lerne für dich regnen

*Ellen Benn *1968*

Allesende

Ich meine, wenn es anders gekommen wäre,
könnte man schweigen.
Darüber.
Und ob wir einander etwas getan haben.
Angetan.

Ich schätze, wenn du anders gewesen wärst,
könnten die Dinge ihren Lauf nehmen.
Wie gehabt.
Wir würden die Arme des anderen nicht verlassen.
Blieben liebesversunken.

Ich denke, wenn Sturm aufgekommen wäre,
oder ein milder Regen.
Von Anfang an.

Im Nachhinein ist man immer schlauer.

*Dennis Seifert *1994*

Stehend K.O.

Ein weiterer Treffer,
der schmerzende Stich,
es wird nicht mehr besser,
in Gedanken, Richtung Licht,
den Körper nur streifts,
doch den Geiste zerreißts.

*Silvana E. Schneider *1953*

Begrenzt

In den Grenzen
Unserer Hirne
Bleibt kaum Platz
Für Freiheit

In den Grenzen
Unserer Hirne
Bleibt kaum Platz
Für Großzügigkeit

In den Grenzen
Unserer Hirne
Bleibt kaum Platz
Für uns

Bei diesen beengten Verhältnissen
Ist es nur logisch dass

Wir nie ganz frei sind

Wir oft kleinlich agieren

Wir uns so selten finden

*Nathalie Ries *1981*

Grenzhäuschen

Hölzerne Balken verranzt und verlebt
das Dach lässt Spuren einer Geschichte erahnen
unsichtbare Linie doch so zahlreich fixiert
großzügig umrahmt von zwei flatternden Fahnen
Ein Blatt passiert die Linie
gesellt sich zur Masse als stiller Migrant
der Wind macht aus Migranten und Passanten
den vertrauten Einheitsbrei

*Eva Lübbe *1950*

Die Zauberlehrlinge

Mit der Freiheit,
die wir riefen,
kamen auch die Geister
des Kapitals herein.

Diese verführen uns
zu Anschaffungen und Schulden,
zum Umziehen,
zum Verschrotten,
zum Verschwenden und
zur Ausbeutung.

Manchmal materialisieren sie sich
als Prospekte
in unseren Briefkästen.

Allerlei Berater für
Leben, Sucht und Anlagen
versuchen,
die Geister zu beherrschen,
mit immer neuen Besen.

Aber hinausgekehrt wird nur
das Bescheidene.

Keiner ruft: Besen stehe still!

*Volker Teodorczyk *1953*

Behördengang

entschuldigt, ich bin es nur
nur ich, ich möchte fragen
ob ich denn stören darf
ich werde auch, natürlich
mich ordentlich betragen

entschuldigt, ich bin es
der um Beachtung bittet
denn mein Begehren ist
nicht länger aufzuschieben
scheint es denn ungesittet?

ich bin es
dem die Beherrschung schwindet
die Höflichkeit erschöpft
und Zorn mich überwältigt
der sich mit Wut verbündet

ich bin
nicht willens zu erleiden
was Willkür mir diktiert
sich wehrlos zu ergeben
und Mutige beneiden

ich
gestehe unumwunden
mir meine Ohnmacht zu
ich möchte aufbegehren
und wenn nur für Sekunden

*Helmut Tews *1941*

Braunlage, Frühjahr 1995, ehemalige Zonengrenze

Ich gehe
Gehe spazieren.

Ich ducke mich nicht
Schaue nicht rückwärts
Bin ganz gelöst.

Auf dem Kolonnenweg
Auf den zwei Spuren
Es ist Frühling
Nichts weiter.

Hier stampften die Stiefel
Hier radierten die Reifen
Hier schoss der Tod aus den Läufen
Hier sickerte Blut
Das schreit noch
Ganz leise.

Ich gehe
Gehe spazieren.

*Hellmut Bölling *1948*

Grenzenlos

Liebe ist ähnlich unberechenbar und somit befreiend –
wie der Glaube.
Es ist doch faszinierend und öffnend,
wenn wir immer wieder erleben,
beides kaum in den Griff bekommen zu können!
Wer sich bewusst In dieses Land des Freien und Unplanbaren einzufühlen beginnt,
dem geht bald am Horizont -als Lohn für diesen Mut-
eine morgendliche Sonne des Grenzenlosen auf!

*Deborah Karl-Brandt *1981*

Grenzstreitigkeiten

Blaumeise fliegt
Zornig tschilpend ins Gehölz.
Kriegserklärungen!
Wir verletzten ihr Revier.
Ach, ach Grenzstreitigkeiten!

*Brigitta Abderhalden *1956*

Welt in Eichen

Wo sind all die Eichen, Eichhörnchen,
Kohlmeisen, Hirschkäfer, dergleichen,
der Gleichklang und mehr?

Wir klettern hinauf und erreichen
den knorrigsten Ast
mit grüngelben Kätzchen im Haar.
Es duftet nach Frühling –
wir nisten uns ein. So lasst uns berichten:
Wir zwitschern Geschichten; wir pfeifen
ein Lied. Schon bald schlüpfen Streiche –
wir lachen vergnügt.
Wir fangen Schmuckwanzen; wir reichen uns Käfer –
wir lassen sie wieder frei. Wir zeichnen
uns Wünsche auf ledrige Blätter:
ein Haus, ein Garten, kein Krieg.
Wir hängen kopfüber als wären wir Eicheln –
die Zeit baumelt mit.

*Lieselotte Degenhardt *1951*

Die schlafenden Vögel

Störe nicht den Flug
der schlafenden Vögel.
Luftige Träume wirbelten sie
in niemandes Himmel
weit hinter den Horizont,
ließen sie fallen tief
in blauer Blume Schlund.

Sie nippten vom Nektar
und Sehnsucht, so honigsüß,
entließ sie heimwärts in graues Geäst.
Gespreiztes Gefieder wärmet nun taube Brut.
Lieblicher Morgengesang – einst –
gewandelt in kläglich Gekreische.

Füll mit grünem Gezweig
noch diesen Schlaf:
mit Quellen so klar, wie Perlen aus Glas,
mit blumigen Wiesen, dicht seidig gewebt,
und Eichen, so alt wie die Welt.

Träumt, Vögel, träumt,
als schliefet ihr noch von Eihaut umhüllt
im wilden Schatten der Bäume.
Lange bevor sie sich zeigt,
hat die Sonne den Bogen
über euren Tag schon gespannt.

*Joachim Gräber *1943*

Erkenntnis vor Ort

Beim Alsterjoggen kenn' ich keine Eile,
häng' schnürend oft lokaler Lyrik nach;
der Text von Flusses Ode liegt nicht brach,
wenn dann vorm Hagedorn ich kurz verweile.

Und wie ich memoriere Zeil' für Zeile,
betracht' im Eichenpark das Blätterdach,
kommt in den Sinn mir Friedrichs Ungemach,
als schlampig er benutzte Dichters Feile.

Denn Eichen waren damals es, nicht Linden,
die „zierten", wie er sagt, „des Ufers Gang";
die Edition ihm beinah hätt's versaut.

Drum des Poeten Botschaft heißt: sich schinden!
Nur saubres Handwerk sorgt für reinen Klang;
der Kritik Strenge sonst dich niederhaut.

*Thomas Volkermann *1969*

Akrostichon

(P) rachtvoll winkt im Staub das Glück
(H) erzt Dichterstolz mit Tintenschrift
A m Stichtag grüßt mein Mut zurück
N och hoffend, dass der Ruhm mich trifft

T rotz Zweifel ehrt mein dichter Sinn
H eut den Verlag, den keiner kennt
O b ich ein rechter Meister bin
L iegt nur bei Dir für den Moment

O bgleich ich noch an Freiheit glaub'
G leicht mir das Werk der Rose
I m Sammelband verschluckt und taub
E inem Thunfisch in der Dose

*Marco Oliver Villa *1984*

vielleicht

vielleicht sollte ich meine gedichte
auf flugblätter schreiben
auf dass sie
hinausgetragen würden
in die große weite welt

vielleicht sollte ich meine gedichte
in ein tagebuch schreiben
auf dass sie
brach lägen
in irgendeiner schublade

vielleicht sollte ich meine gedichte
für eine handvoll menschen schreiben
auf dass sie
sagen könnten hier sind wir
in guten händen

vielleicht sollte ich meine gedichte
gedichte sein lassen
auf dass sie
ungeschrieben blieben
in mir

*Marco D. Petrik *1987*

Stille Wandlung

Die herrliche Stille
die mir innewohnt
und in mächtiger Fülle
den Gedanken thront

ist der Eintritt
in eine Zeitlosigkeit
wie der Feinschliff
der den Rohstoff von Spänen befreit

und am Ende den Geist
mit Illusionen bekehrt
dass die Mimik entgleist
und viel Aufruhr beschert

die herrliche Stille
wohin ist sie jetzt?
In mächtiger Fülle
haben mich Gedanken zerfetzt

*Frank Dieckmann *1968*

Der Zweifelnde

Die Nacht gab ihm die unverstellten Züge
und jenes Offne, gar nicht ferne wachte
in ihm und wie er diesem denn genüge.
Die Ahnung, die so seinen Geist entfachte,
wuchs an, als ob dies alles überstiege.

Verschwommen, wild und hin- und hergerissen,
Für und Wider wie im Fieber klingen,
sich zum Unkenntlichen zugrunde ringen.
Ihn überdunkelt, ruhelos verschlissen
und wie beraubt der Nacht und all den Dingen:
„Dieses wird mir nie gelingen."

*Ernst Bergande *1938*

Hals über Kopf aus dem Häuschen

für Ulla Hahn und die andern

Im Grunde hat Moldau die Steine gerundet
Und handsome gebildet als wär's für den Rhein
Die Botschaft verschlüsselt auf Zeit und gestundet
Um Hals über Kopf aus dem Häuschen zu sein.

Im Grunde hat Moldau dem Rhein nur die Steine
Geliehen beschrieben die Worte zur Pacht.
So glatt sind die Steine so klipp wie klar Worte.
Wer hat nur die Steine zum Reden gebracht?

Im Grunde hat Bertolt den Stein einst ergriffen
Die Worte die Verse gewetzt und geschliffen
Bei wechselnden Zeiten kein Kaiser im Graben
Was Walther die Droste und Clemens uns gaben.

*Klaus Beisenbusch *1963*

Vater Rhein

Still im Licht
Scheinbar ganz leise
Dein Glanz trägt
Manch Schiff auf der Reise

Unüberhörbar im Finstern
Man ahnt es schon
Wütet das Wasser hinab
Den reißenden Strom

*Livia Püttmann *1976*

Gefahr des Dichtens

Zwischen all den Worten
und Satzfragmenten
das eigne Ich verlieren.

Zwischen all den Worten
und Satzfragmenten
das eigene Ich finden.

Mit all den Worten
und Satzfragmenten
zuviel gesagt haben.

Mit all den Worten
und Satzfragmenten
nicht genug gesagt haben.

Und dann eines Tages
SPRACH-LOS sein.

*Britta Lübbers *1960*

Else, unbewacht

für Else Lasker-Schüler

Keine hat so schön die Sterne besungen, den Mond
sie wusste, wer dort wohnt; ließ den Rosenhimmel
tanzen und dem blauen Reiter ein Gestirn aufgehen
an seiner Schläfe

Scheuchte alle ihre Schmetterlinge über die Felder
mit den gefallenen Freunden, unbegreiflich
lag Trakls Schatten auf dem Abend
ihres Zimmers, sie hatte ihn lieb

Ihr großer Flügel war am Schulterblatt gebrochen
sie steckte eine Feder ans Wolkenkleid der Luft
lief auf Siebenmondenstiefeln durch die Nacht
schlief an fremder Wand, unbewacht

*Rolf Strack *1939*

Dein Wesen

Dasein erschöpft, gewesen
An seiner Stelle Geist
In dieser Leere
Dein Wesen überall
Umweht, durchdringt mich
Und wo ich strauchle
Einen schwankenden Tag
Da summt die Erde
Was du gesungen
Läutet mein Herz
In die erkaltete Welt
Von deiner verlässlichen Nähe

*Ralfeva Millionär *1954*

Mit Verlaub

Sie kam aus einer schwarzblau Nacht
Den Rucksack voller Sternen-Glanz
Und sprach des Echos Melodie
Ihr Mantel ist aus Zeit gemacht
Der Körper ähnlich wie beim Tanz
Bewegung voller Phantasie

Im Tages-Sonnen-Violett
Öffnete sich ein neues Tor
Es war so bunt wie alles klang
Vögel zwitschern ein Sonett
Der Blumenteppich unterm Chor
Wie Raum der in den Träumen schwang

Im Nebeldichten Sommerregen
Ließ sich der Wind zur Tafel bitten
Und blätterte im Eichenlaub
Er lud dazu den Wörtersegen
Ein Augenblick stand schon inmitten
Die Tränen fielen in den Staub

*Klaus Wittke *1960*

Geweidete

Geweidete wie ein Stück Obst
schmiegst du dich.
Die Farben, sie schmerzen.
Und doch bleibst du gleich
Grashalmen und Bäumen
tränkst du dein Leid
in schlanken Bächen
und tiefen Brunnen.
Fortan willst du schweigen
wie wolkenloser Himmel
im endlosen Träumen...

*Karin Hufnagel *1957*

Ich schenke dir mein Gestern

Und das Bächlein rauscht und murmelt,
plaudern möchte es ganz leis,
möchte mir so gern erzählen,
was es noch von gestern weiß.

Und es sucht Erinnerungen
in dem Wasser hell und klar,
sucht vergeblich in der Tiefe,
wie es einst gewesen war.

Und ich tauche meine Hände
und ich kühle mein Gesicht
und ich schenke ihm mein Gestern,
denn ein Morgen gibt es nicht.

Und ich schenk ihm meine Tränen,
die gefüllt sind süß und schwer
mit den Träumen eines Lebens
und ganz ohne Wiederkehr

fließen sie mit meinem Bächlein
leise flüsternd nun dahin
und das Wasser trägt das Wissen,
dass ich mal gewesen bin.

*Michaela Kloiber *1965*

Demenz

Weil der nächste Moment längst vorbei ist,
zwischen Kühlschrank und Handtuch
der Raum sich schon wieder vergisst,
ziehen Worte in Wolken hinweg
über den, der du bist.

Schatten fliehen in Augentäler
– dort ist es Nacht.
Die Hände vollziehen ihre eigene Handlung,
von keinem Gedanken mehr überwacht
erzählen sie ständig von dir.

Kein Anlass mehr zu Wandlung,
kein mehr
als hier.

*André Steinbach *1943*

Erinnerung

Alles verschwimmt
Wie Wolkenfelder
in der Erinnerung
wie Regentropfen am Fenster.
Und alte Bilder,
einst farbenfroh,
jetzt nur noch verschleiert und grau,
wie verfliegende Träume.
In der Stille
Verzweigen sich die Gedanken,
werden einsam.
Die Zeit,
gnadenlos wie der Tod,
schreitet voran
ohne Mitleid und hält uns gefangen
wie Tiere im Käfig
der Hoffnungslosigkeit

*Monika Steininger *1963*

Sinnsuche

Sinngewisper im Ohr
folge ich
sich windenden Linien
ende
im Nichtmehr

greife auf
wieder
und wieder
ende
im Nochnicht

drehe und wende
zwirne mich ein
es reißt nicht ab

*Michael Nenninger *1969*

Endlos nach innen

Im Äußersten entäußert!
Entgeistet, der Geist.
Zerklüftet, verstrickt im
Neuronennebel,
liegt dementes Geheimnis.

Bilderregen, niedertropfend,
das Leben aufrollend passiert er,
sucht zu befreien die Seele,
die zerwirkt noch Suchende,
nach sich, im Selbst.

*Helmut Paust *1933*

A...

Du sprichst das Wort mit „A“ nicht aus,
das Andere buchstabieren...
Du wagst dich nicht mehr aus dem Haus,
um dich nicht zu verirren...

Du machst ein freundliches Gesicht,
zu Anderer Geschichten...
Viel von dem – verstehst du nicht,
was diese dir berichten...

Das Kreuzworträtseln funktioniert:
das kommt von der Routine...
Bis man dich dennoch überführt –
mit versteinter Miene...

So gehen manche Tage hin:
mal dunkeler, mal heller...
Du verbringst sie ohne Sinn –
so wächst die Krankheit schneller...

Nur manchmal noch, da blitzt er auf,
dein Schalk aus frühren Tagen!
Doch nimmt die Krankheit ihren Lauf –
beendet alle Fragen...

*Paul-Martin Mueller *1971*

Nach der Zeit

Gegangen bist Du.
Alle meinten:
Vor den Jahren.

Wohin?
Ich hätte sterben müssen
um es zu erfahren.

Ich wollte fort,
fort sein von diesen Tagen
von jedem Ort
wo Uhren, Glocken, Herzen
schlagen.

Allmählich ahne ich:
Es ist nur eine Frist
in der Du, wartend,
schon vorausgegangen bist.

*Ingrid Baumgart-Fütterer *1954*

Sternenbrücke

Liebevolle Erinnerungen
an die Verstorbenen
sind wie glitzernde Sterne,
die sich zu einer Brücke
zwischen Diesseits und Jenseits
verdichten,
wo eine Begegnung zwischen
den Welten möglich wird
und wo es in Einklang mit der
Ewigkeit
keiner Worte bedarf,
um die innige Verbundenheit
der Seelen in ihrer Unzerstörbarkeit
zu erfahren.

*Rafael Haslauer *1983*

vom Leben und vom Tod

dort wo die Welt zu enden scheint
in Donnergroll und Dunkelheit
ganz seelenruhig der Tod verweilt
gestern, heut, in Ewigkeit

ob ewig Tod, ob ewig Leben
zwei Blätter sind's vom selben Baum
beiden sollt man alles geben
Liebe, Wärme und Vertrauen

doch wer nicht lernt erfüllt zu leben
fürchtet immer zu den dunklen Tod
weil er versäumt sich hinzugeben
immer ängstlich, stets in Not

nur wer versteht im Augenblick
das Leben gänzlich aufzusaugen
dem erscheint der Tod als schick
der sieht die Welt mit andren Augen

denn den Augenblick erleben
heißt das Sterben eines andern
alles kommt und geht verlegen
wie Wolken übern Himmel wandern

*Wolfgang Quer *1952*

Augenblicke

Es weht die Zeit an uns vorüber
und fließt und strömt und nimmt uns mit,
kaum Atem holen, nichts kommt wieder,
nur vorwärts geht es, Stück für Stück.

Ganz eilig haben wir's auf Reise,
ein jeder hetzt und rennt und rennt,
und doch – der Zeitstrom bebt ganz leise,
er treibt uns, ist uns nah und fremd.

Doch manchmal möchten wir verweilen,
verharren – im Gefühl von Glück,
nicht treiben und nicht weiter eilen:
Und ewig währt der Augenblick.

Wir möchten einfach innehalten
und staunend schau'n, auch weit zurück,
verstehen, welche Mächte walten:
Und ewig währt der Augenblick.

Es weht die Zeit an uns vorüber,
mal unbemerkt, mal uns bewusst,
verliert sich zügig, kommt nie wieder,
kaum da – vorbei! Welch ein Verlust!

*Philipp Schubert *1984*

Des Uhrzeigers Sinn

Tick Tack, Klick Klack,
die Stimme der Zeit staunt stets abstrakt,
wie maßlos du bist, getrieben vom Stolz,
Einhalt zu gebieten dem Dämon aus Holz.

Die Arme zu zähmen, sie zu regiern,
dem Tod zu entrinnen, im Leben erfriern,
wird dir nicht gelingen, so sei dir gesagt,
der Mensch wird auf ewig vom Zeiger gejagt.

Ganz ohne Gewissen dreht er seine Runden,
eh du dich versiehst sind Jahre verschwunden,
geliebte Menschen sind von dir gegangen,
für immer und ewig im Jenseits gefangen.

Drum schätze die Zeit, die dir noch bleibt,
nutze sie sorgsam, doch sei stets bereit,
in Demut zu schweigen wenn die Uhr zu dir spricht,
das Ende vorhersagt in deinem Gedicht.

*Danijela Fanselau-Covic *1976*

Die Zukunft

Ich habe Angst vor der Zeit die vergeht.
Angst vor der Zukunft die nichts bringt.
Ich habe Angst vor Leuten
die einem weh tun.
Ich habe Angst das ich anders werde.
Angst vor dunklen Gefühlen die sich
ins Innere reinschleichen können.
Ich möchte Frieden geben,
Ich möchte Glück schenken.
Ich möchte in manchen schönen Momenten
auch die Zeit stehen lassen.
Ich schließe die Tore des Zweifels,
und blicke in die neue Zukunft hinein.

*Tina Straub *1965*

Blickgeschick

Blicke ins Licht sind
keine Lichtblicke
auch wenn ich ins Licht blicke
erblicke ich nicht immer das Licht

Einige Blicke geben mir Licht
andere sind blickdicht
ohne Licht
im Blick
erpicht auf Sicht
heißt nicht
Licht ist in Sicht

Ist kein Licht in Sicht
heißt das noch nicht
die Welt zerbricht
drum streb ich nach Geschick
für einen Blick
ins helle Licht
ins Dunkel lass
ich ihn ganz sicher nicht.

*Patricia Hess *1972*

Schattenkinder

Schattenkinder sieht man nicht
Schatten schützen Träume
Schatten blendet Neonlicht
Schatten spenden Bäume

Schattenkinder lieben Spaß
Schatten sammeln Wissen
Schatten fallen auf das Gras
Schatten spenden Kissen

Schattenkinder schneiden Luft
Schatten streifen Hände
Schatten lauern in der Gruft
Schatten spenden Wände

Schattenkinder schenken Ruh'
Schatten mögen Ratten
Schatten decken dich jetzt zu
Schatten spenden Schatten.

*Barbelle Kumlin *1970*

Licht und Schatten

Das Licht, das wirft den Schatten;
wie gemalt, exakt und klar.
Die Ränder, nicht verschwommen,
unaufgefordert angekommen,
nicht trennbar, da und wahr;
so wirft das Licht den Schatten.

*Hermann J. Klingenberger *1938*

Bei einer Wanderung in den Abend

Mein Schatten liegt mir zu Füßen
Als müsse er abbitten und büßen
Und wie ich gen Abend schreite
Wächst er voraus mir ins Weite
Bei jedem Schritt nimmt er mich mit
Er wächst länger und länger
Sehnsuchtslang ist er bald
Im Dunkel erst machen wir Halt
Und rücken einander noch enger
Bis keiner mehr von uns beiden
Erkennbar ist und zu unterscheiden

*Christian Rilli *1993*

Licht & Schatten (und alles was dazwischen liegt)

Nichts ist so kompliziert wie es scheint,
aber auch nicht so leicht wie... (ich weiß es nicht)
Und wieder sind Worte nicht genug
Meine Sprache versagt in den wichtigsten Momenten

Und wieder liege ich schlaflos da
Ich denke darüber nach was war, was geschehen ist
und was ich nicht getan habe und mache mir
Vorwürfe und begreife so einiges (zu spät)
Ich denke darüber nach was ist, was gewesen
wäre wenn, was sein wird...
Ich denke in Wörtern (und begreife es erst jetzt)
Ich dachte meine Gedanken wären abstrakter
– aber durch Worte realisiert
Ich dachte meine Gedanken wären endloser
– aber durch Worte begrenzt
Was wäre mein Denken losgelöst von jedem Wort,
befreit von Sprache?
Und wieder übersteigt dieser Gedanke mein Denken

Es ist Nacht – Dunkel aber nicht Schwarz
Zeit sprachlosen Gedanken zu lauschen
(eines Tages vielleicht)
(Hoffentlich)

Irgendwann, wenn Worte mich verstehen
und ich verstehe, sie nicht zu gebrauchen,
dann weiß ich,
was zwischen Licht & Schatten liegt
(...)

*Marlies Blauth *1957*

ruhrgebiet

als ob sich das licht
erbrochen hätte
im land der wolken
die alle farben befördern

wir spielen immerzu
unter dem gelb
bei westwind weht
ein mürbes grau von der hütte
dächer flackern manchmal
mitternachtsrot

ich atme noch die pigmente
wasch' mir den ruß
von den augen –

dein lächeln trägt alles
niedergeschlagene fort

*Michael Steiof *1960*

Ist nur ein Traum, ist meine Stadt

Ist nur ein Traum, ist meine Stadt
ist ohne Anfang, hat kein Ende,
ist ohne Mauern oder Wände,
ist schön und freundlich, zudem hell,
ist langsam, ruhig und niemals schnell,
ist völlig frei von Lärm und Schmutz,
ist grün und bietet jedem Schutz,
ist einzigartig und grandios,
ist nicht zu klein und nicht zu groß,
ist ideal für Jung und Alt,
ist immer warm und niemals kalt,
ist einzigartig, wunderbar,
ist stets präsent, heißt immer da,
ist ehrlich, nicht auf Sand gebaut,
ist reich und edel, keiner klaut,
ist ohne Armut, jeder satt,
ist nur ein Traum, ist meine Stadt!

*Caroline Pfeffer *1994*

An Stadtgrenzen

An Stadtgrenzen
verschwimmende Orte
-irgendwo dazwischen
Darf ich hier im Niemandsland
ein Niemand sein?
Trete auf der Stelle-
wo Glasfassaden mein
Blickfeld versperren
legt sich Industriequalm
auf meine Lungenflügel
unfähig zu fliegen
bleibe ich stehen.

*Jelena Pervanovic *1985*

Träume

Träume halten uns am Leben.

Doch sie halten
und halten
und halten
und halten
nicht,

was sie versprechen.

*Ursula Toczek-Fuentes Zayas *1956*

Der Traum

Wie ein Adler breite ich meine Flügel
aus und lasse mich treiben im
WIND,
immer höher trägt er mich und lässt mich
meine Kreise fast schwerelos ziehen,
das goldene Licht der
SONNE
wärmt mich, und ich schaue hinunter
auf die weiten Ebenen und die silbernen
FLÜSSE,
zwischen Traum und Wirklichkeit schwebe
ICH dahin,
wohlwissend, dass die Wirklichkeit nicht
mehr ist als ein
TRAUM.

*Nele Deventer *1993*

Nimm mich mit

Nimm mich mit,
in eine Welt voll Licht und Zuversicht.
Nimm mich mit,
auf eine Reise durch fremde Welten.

Die Sterne über uns,
die Erde unter unseren Füßen.
Mit dir will ich frei sein.
Mit dir will ich fliegen.

Nimm mich mit,
wir kämpfen Seite and Seite,
fechten Kriege aus und suchen das Weite.
Zusammen bis ans Ende der Zeit.

Mit dir kann ich Ich sein.
Mit dir kann ich ganz sein,
oder auch mal verrückt sein.
Wir lassen die Zeit Zeit sein.

Nimm mich mit
Ich lass dich nicht allein,
weder im Traum noch in Echtzeit.
Nimm mich mit,
ich möchte bloß bei dir sein.

*Udo Bahntje *1944*

Museum der Träume

Ich besuche das Museum der Träume.
Große Hallen der unerfüllten Wünsche,
verlockend und furchtbar zugleich,
die ich mit Schaudern durcheile.

Dort in den Ecken kauern dunkle Gestalten
oder hängen an Wänden als Bilder
unbeweglich in lächelndem Schweigen.
Oder verzerrt in der Maske des Satans.

Oh Lichtgestalt der verpassten Gelegenheit,
ich weine vor deinem freundlichen Bild.
Oh finsteres Wesen des ergriffenen,
aber verhängnisvollen Moments:
Ich hasse deine Gestalt voller Falschheit.

Ein weiterer Raum ist gefüllt voller Liebe,
liebende Paare und schöne Gestalten in Reihe,
begleitet vom nackten Eros und lächelndem Amor,
den nicht abgeschossenen Pfeil
auf der Sehne des ruhenden Bogens.

Stehen bleiben oder berühren ist streng untersagt
im Museum der Träume.
Ausgestreckte Arme sinken in Trauer herab.
Ich eile zum Ausgang,
um nie mehr wiederzukehren.

*Stefan Butter *1980*

Neue Liebe

Herz, mein Herz, warum schon wieder
Dieser altbekannte Mist?
Schrecken fährt in meine Glieder –
Bist du etwa Masochist?
Willst du vielleicht gerne leiden,
Suhlen dich im schönen Schmerz,
Dich am eignen Unglück weiden?
Willst du brechen, dummes Herz?

Ja, sie ist ein liebes Mädchen,
Besser: eine tolle Frau.
Schon spinnst du dein Zauberfädchen,
Dabei weißt du doch genau,
Dass du sie damit nicht bindest,
Sondern dich nur selbst verfängst
Und in Dunkelheit verschwindest,
Wenn zu ihrem Licht du drängst.

Ihre Nähe macht mich glücklich,
Schon ein Winken macht mich froh,
Doch ich spüre augenblicklich:
Sie fühlt nicht für mich, nicht so;
Wird sich nicht an mich vergeuden,
Und so wird nur allzu schnell
Aus dem Ursprung kurzer Freuden
Meiner Leiden steter Quell.

*Julia Frick *1990*

Karikatur

„Ich liebe nur dich.“ Versprach ich dem einen,
„denn so wie du bist, so traf ich noch keinen.“
Dem anderen flüstert’ ich leise ins Ohr:
„Solch’ treue Augen sah ich nie zuvor.“

Der dritte, der streichelte zart mein Gesicht
und sagte mir „Nein, dich verlasse ich nicht.“
Ob er der Worte wohl auch noch gedachte,
als bald die nächste sein Feuer entfachte?

Der vierte war endlich der Mann, den ich liebte.
(Genauso der fünfte, der sechste, der siebte...)
Bei ihm wollt’ ich bleiben bis in den Tod,
ich sah nur rosa – doch er sah bald rot.

Dem nächsten, der liebesblind vor mir erscheint,
dem werde ich sagen, auch wenn er dann weint:
„Du bist genauso der Mann meines Lebens
wie vor dir schon viele – ich suchte vergebens.

Auch ich habe viele Tränen vergossen,
Amor hat mich schon halb tot geschossen!
Hoffentlich ist sein Köcher jetzt leer,
denn Platz für Treffer, den gibt es nicht mehr.

Heut weiß ich ehrlich:
auch du bist entbehrlich.
Denn Liebe ist nur
eine Karikatur.“

*Souverena *1992*

baby, I'm a heartbreaker

trophäen sammeln von einer zur nächsten
sich auf die jagd begeben freiwild völlig
freiwillig schießen ins herz treffen schelmisch
charme versprühen virtuell und face to face
flirten es draufhaben alle durchhaben
und nehmen niemand kann widerstehen
schlauen augen und geilem schmäh auf
hübsche brüste stehen sie streicheln nie
straucheln schnell austrinken eindringen
in den tanz und intimbereich immer
anbandeln angraben anbraten erneut
in stimmung geraten es aber mit den
meisten nicht aushalten nur die heißen
sich □arm halten aufgewärmt schmeckt
nicht nur gulasch noch besser spitz und
spitzbübisch verschwitzt sein vom heißen
schmusen verschmitzt lächeln wissen
dass mehr geht wie's mir dabei ergeht
echt sehr gut bei bedarf bitte kommen:

doch baby
ich bin eigentlich mit mir selber zam
du würd'st dir wünschen es wär fix
und ja ich weiß dass ich's kann
aber das mit uns das wird nix

ich bin ein super love maker
aber halt ein heartbreaker

*Mareike Kreiner *1986*

vielleicht

Vielleicht bedeutest Du mir etwas.
Vielleicht Heute, vielleicht Morgen.
Vielleicht auch nicht.

Vielleicht sind wir verspielt,
Vielleicht ist es mehr,
vielleicht verbringen wir dann Zeit.
Vielleicht halten wir uns im Arm.
Vielleicht auch nicht.

Vielleicht sind wir verliebt.
Vielleicht finden wir das zu schwer.
Vielleicht ist es uns zu eng
Und vielleicht
bedeutet es uns schon längst nichts mehr.

Vielleicht halte ich Dich fest.
Vielleicht auch nicht.
Vielleicht, bis Du mich verlässt.
Vielleicht, bis es mich zu sehr verletzt,
vielleicht bin ich auch nicht gemacht,
für vielleicht und eine Nacht.

*Henriette Groeger *1998*

Danach greifen

Das Glück ist da und es ist deins, du musst es dir nur nehmen.
Denk nicht darüber nach, wie du deine Hände bewegen wirst,
Beweg sie einfach.
Greif nach dem Glück und vergiss nicht, dass es da ist.
Es wird fallen, wenn du es nicht mehr festhältst.
Du kannst es halten, wenn du das willst.

*Jens-Peter Voß *1982*

Der Augenblick

Da war er wieder
dieser Blick
als ob man sich gesucht; gefunden,
sein Lebensglück erfährt
und für wenige Sekunden
glaubt am Ziel zu sein

Schon trennen sich die Wege
der Augenblick
er tropft, wie Tränen; unvergossen,
als wäre nichts geschehen
man hat so tief empfunden
und doch kein Ziel gesehen.

*Anne Honings *1983*

klarer Blick

finden wollen
wenn man doch das
Suchen
gewohnt ist

dann
findet man
was ist

nicht das
was man
mit Scheuklappen
im Visier hatte

Gabriele Höpken

Alte Freunde

Wars nur Dein
Handschlag?
Hat er mich
getroffen!
Fühle
meinen Puls,
Dir nah
im wilden Takt.
Beherrscht vom
Wunsch,
ein willenstarkes
Pochen,
das rastlos
fremd,
mich in Sekunden
packt.

Wie wunderlich
ist dieses tiefe
Schweigen?
Wo ist die Stimme,
die mir so
vertraut?
Doch plötzlich,
Deine Lippen sich
zu meinen
neigen,
so lieb und zärtlich,
zärtlich
Haut an Haut.

Das war es immer,
was uns nie verband.
Erfüllt nach Dir,
gesucht, erahnt,
verkannt.

*Heike Wenig *1945*

meine zärtlichkeit umfährt
die konturen deines körpers

unsere liebe ist
zusammen mit uns älter geworden

jahresringe zeugen von
gemeinsamen siegen
über die alltäglichkeit

das fahren
auf der achterbahn des lebens
hat uns fest zusammen geschmiedet

gemeinsam stehen wir
auf dem gipfel des erreichten

wappnen uns
für die große
talfahrt

*Gudrun Paul *1956*

Glück auf!

Zwischendrin nach Fünfzig.
Pause oder Halbzeit? Wer
will das wissen. Ich nicht.

Mir endet eine Pflicht. Ich
Buche das Vage. Freiheit
und Genuss im Tun, ein
Handeln, das gelingt.

Ach nur? Statt Ruhe und
Rente? Gelächter droht.
Ich störe mich nicht, ich

folge meinem Elan
wie von Anfang an.

*Coretta Storz *1986*

Ohne Schlüssel

Deine Badezimmertür geht nicht aufzuschließen?
Dann lass uns doch einfach hier bleiben
Lass uns mit Schaumbad die Zukunft begießen
Mit Zahnpasta unsere Geschichte schreiben
Lass uns in der Wanne den Alltag ertränken
Und die Moral mit der Dusche abspülen
Lass uns im Wasserdampf gar nichts mehr denken
Und uns mit sauberen Fingern befühlen
Deine Badezimmertür geht nicht aufzuschließen?
Dann lass uns doch einfach hier enden
Lass uns gefangen die Freiheit genießen
uns haltend mit schrumpeligen Händen

*Gerhard Pollheide *1951*

Über Dich und mich

Sieh die Falten auf meiner Stirn meine Augen
sind blau, hell und schnell im Dreh meine
Schönheit ist die nach drei Frühlingen.

Mein Fleisch ist manchmal müde und
meine Knochen brennen doch meine
Hand wird immer noch feucht fühlt sie
die Deine dann schmilzt was in mir.

Meine Worte wollen dann immer noch Dein
Ohr verzaubern du bist mein Märchen auf
einer grünen Reise
meine Nymphe mit langem Haar.

Du tanzt auf Sand diese Liebe
ist ein Feuergeist ist Licht
ist Versinken.

*Bernhard Krickler *1979*

heute morgen

wir sind aufgewacht du zuerst wir haben
uns geliebt es war so schön es war frei

dann gingst du ins bad ich blieb liegen
hing meinen gedanken nach wollte nur

du kamst wieder sahst mich fandest eine
gute idee hast dich krank gemeldet schlafen

nach zwei stunden panik bricht aus was
haben wir getan nicht zur arbeit schauder

wir rennen wir stolpern wir lachen machen
kaffee reden reden wirklich komisch

leben kann so einfach alles leicht wir wecken
die kinder mama heute ist Sonntag

*Bernhard Müllner *1989*

Die Liebe

Ein kleiner Junge saß am Boden
Und hatte vor Marie zu loben.
Ein Mädchen, süß, dem Himmel nah
Ob sie vielleicht ein Engel war?

Er spielte mit ihr Kaufmannsladen,
Lachte, wenn sie zusammen waren,
Doch sie zu loben fiel ihm schwer:
„Wo nehm' ich denn die Wörter her?

Sie sollen doch von Herzen kommen
Und eigentlich, genaugenommen
Ist jene Sprache, die sie spricht
So richtig umständlich für mich."

Er grübelte nach langem Tage
Leis' über seine Herzensdame.
Er reimte schön – ohne zu rasten
Doch schien kein Wort so recht zu passen.

Der nächste Tag ist angebrochen
Marie, sie hat ihn angesprochen.
Ob er sie mag, will sie jetzt wissen
Der Junge schluckt und spricht gerissen:

„Ich liebe dir. Ich liebe dich.
Wie man das schreibt, das weiß ich nicht.
Und ist die Grammatik auch nicht richtig
Ich liebe dir und das ist wichtig."

*Hans-Georg Wigge *1958*

Liebesriese

Ich habe mich zu dir gebückt,
du hast mich zärtlich fest gedrückt.
Du bist ein Riese der Gefühle,
wir „Großen" haben nicht mehr viele.

Das Wachsen in den Lebensgärten
ließ unsere Seelen arg verhärten.
Doch du Kind, lehrst mich neu zu lieben,
mit Sanftmut Zärtlichkeit zu üben.

Lässt mich im Buch der Kindheit lesen,
da ist doch irgendwas gewesen,
was tief verschüttet schlummert dort,
befreit durch dich, dein stilles Wort.

Wie oft hast du mir schon bewiesen,
beim Lieben sind die Kinder Riesen
Und wir? Wir haben nur vergessen,
die Schätze, die wir einst besessen!

*Susanne Wirtz *1964*

Bereshit

Am Anfang
schuf Gott ein Gewölbe
darin ein Nest und ein Leib
schied das Nest vom Leib
das Nest nannte er Schoß den
Leib Kind

Sichtbares Verborgenes
Körperchen Seelchen
sah dass es gut war
schied das Kind vom Schoß
sprach es werde Licht
gut

schuf den Arm
sah dass er lang war
schied den Arm
vom Kind
unanfassbar
nicht gut

der Mensch alleine

schuf das Schaukelpferd
kaltkantig
stetes Kommen Gehen
auf der Stelle
fern dem weichen Schoß
Tohu va Bohu

*Susann Kraft *1978*

Hand in Hand

Wenn die Stille der Nacht unsere Träume vereint
und der Morgen sie wiegt wie ein Kind,
dann zerfällt all die Angst vor dem kommenden Tag,
weil wir träumende Kinder sind.

*Antonia Grohmann *1997*

Wechselburg

Wie ein Nest seinen Vogel
empfängt meine Lunge die Nachtluft,
der Wind spielt in den Bäumen sein Spiel,
ja er tanzt, entsinnt sich ganzer Opern,
und wir liegen betäubt im Klostergarten
und lassen uns die Wolken
auf den Bauch fallen, das klärt auf
Doch kann der Mond
sein Versteck nicht entbehren
so wie ein Vogel sein Nest
rückt der Mond die Wolken nicht raus
so fielen wir hinauf
um dem Mond keine Umstände zu machen

*Jessica Hummel *1978*

Take me Home

T age und Stunden gingen vorbei und
A ugenblicke wurden zur Ewigkeit.
K ornblumenmeere in Azurblau
E rstreckten sich zu unseren Füßen.

M elodien aus Wind und Regen
E rzählten dir meine Träume und wir

H ielten uns an den Händen.
O ben zogen die Wolken und der
M ohn blühte leuchtend rot.
E rinnerst du dich?

*Monika Preiß *1954*

Der Paradiesvogel

Kreise seh ich ihn ziehn
über Mangrovenwäldern
im Gezeitenbereich der
Küstengewässer
so fern
und werde nicht satt
ihm zuzusehen
von fern
dem Buntgefiederten
im türkisen Äther
so überreich
geschmückt

Die weiße Hühnerfeder
auf dem Boden
so nah
die lass ich liegen

*Rena Lévano Casas *1954*

Im Fahrtwind der Töne

Aus meiner Seele tropft Musik
wie Regenschauer
aus dem Wolkenmeer

wie Sehnsucht,
die sich Rhythmen webt
aus Spiegelbildern einer Quelle,
die selbst aus vielen Wassern lebt

Und manchmal werde ich zum Vogel
im Fahrtwind dieser Melodien
und spiele mit den Tönen,
die als Schwingung
durch meine Flugbahn ihre Kreise zieh'n

Kannst du mich seh'n
in meinem Federkleid, so schillernd
wie ein Gebet um Klänge
für die Ewigkeit

und eingehüllt in eine große Stille
Kannst du sie hören
Sie ist tief und endlos weit

*Claudia Kanter *1983*

In aller Tiefe des Gefundenen

Die Erinnerung an den gestrigen Regen
ist nicht blau genug, um aufzufallen
drum nenne ich ihn mit Worten,
für euch vielleicht vergeudete,
für mich geweihte, unvergessliche
und umkehrbare,
ich rufe ihn bis an jenen Ort
der nicht alles Ende
bedeutet

hier werde ich jeden Raum
verschlingen und Atembilder
zählen bis mein Blut nicht mehr rinnt

Überwältigt sind Zorn und Furcht
angedacht ist die Stunde vom Erlösen
ich halte inne, der Weg ist erblickt
die Erde riecht nach Untergrenzen
in dem die neuen Tage heranreifen
für das Leben, glutlos, in aller Tiefe
des Gefundenen

*Anna Knab *1967*

Sommerimpression

Sanfter Sommerregen
Im blassen Schimmer
Des Morgentaues
Umarmt im Stillen
Der lauen Dämmerung
Die ersten Strahlen
Des Sonnenlichtes

*Nando Bluschke *1986*

Morgentau und Abendschein

Als Adam weinte,
wischte Gott die Tränen
mit einem Blatt,
und ließ jene
zur ersten Eiszeit,
im Schein der Morgensonne,
tauen.

Als Eva lächelte,
bestrich Gott den Himmel
mit schönsten Erdfarben,
und ließ jene
zur ersten Regenzeit,
im Schein der Abendsonne,
strahlen.

*Dirk Heckmann *1960*

An den Regen

Wunderbares Schauspiel, das Du wieder
in mir wohnst: so weich und nass.
In Deinen Augen blüht mein Flieder.
In Deinen Händen wächst mein Gras.

Du feuchter Mantel, der den Wald
in blühender Geborgenheit
umgibt. Ich bin die Zeit
und Du mein Zeiger, der mich bald

in Ruhe streift, und dann in Hast.
Unabwendbar Dein Erscheinen.
Du bist mein Lachen und mein Weinen.
In jedem Halm bist Du mein Gast.

*Sebastian Goelz *1987*

Gast im Juli

Schlaftrunken aufgerichtet
Ein Fuß auf den Boden der Welt
Der Blick möchte wandern
Hinein, in die besonnene Zeit
Die von meinem Gemüt stets bejubelt
Die mein Verstand gern begreift

Wo der Weg zu bestreiten
Gewöhnlich, verächtlich und steil
Durchzogene Blüte
Wesen am Rande beseelt
Freudvoll sind sie, es scheint gänzlich vollkommen
Dem warmen Winde gelauscht
Es wurden Geschichten erzählt

Da wo die Tage groß und bedeutend
In betörendem Genuss daliegen
Wo die Zeit fließend vergeht
Wo ich deine Sprache spreche für immer
Ich bin dein Gast, dein Sohn, deine Tochter
Ich bin eines deiner geborenen Kinder

*Rafael Werner *1988*

Gegenregen

Einem Roman entgegenwirken so
klug und natürlich rau fast Regen nah
draußen nach draußen blickend fort weit weg
grau eminente Plastikstühle leer

Völlig erstaunt genießen wir den Tag
sonnenbereit und streifen allerliebst
sitzend „the two of us“ in zwei mal zwei
blütenversaut im Gegenregen

*Jürgen Ehrenmüller *1986*

Urlaub im Süden

Mit dem letzten Ersparten nach bella Italia,
Aus dem Radio plärrt gut gelaunt Phil Collins.
Brenner schon seit einer halben Stunde durch.
Hast du auch wirklich nichts vergessen?
Kekse, Sonnencreme, und die Kondome?
Lächelnd ziehst du an der Zigarette,
alles da, nur unsere Liebe, die ist so klein,
die konnte ich einfach nicht finden.

*Antonia Kistner *1992*

Flügel der Illusion

V erführerische Vorhänge vollendeter Anmut
E rstrahlen vor meinen Augen – Déjà-vu?!
N ebliger Zauber brennender Leidenschaft tastet sich
E rhaben an geheimnisvollen Gondeln im Schatten der Lagune entlang.
D urchlaucht, Tochter des Ozeans, erhebt sich stolz – Meeresduft streift Zunge.
I nseln, wie Flügel; atemberaubend, undurchschaubar, frei – rufen
G estaltwandler zum Klang des Maskenballs – Tanz der Sinne.

*Jochen Fischer *1957*

@na

Chthonisch fließt die Magma – Uhr,
pulsiert im Gleichklang still dahin.

Rhythmisch füllt sie Räume aus
mit Sinn und Harmonie.

Doch devotio presst die Zeit,
denunziert und mobbt zugleich.

Der Krater völlig ausgebrannt.
Lava – Äcker, ein Blütenland.

*Peter Priesterroth *1956*

Frühstück

Ein Tisch.
Zwei Stühle.
Teller, Tassen, Besteck, Gläser,
Brotkorb, Butter, Blumen, Eier, Salz.

Es herrscht.
Einerseits Appetit,
andererseits Appetitlosigkeit.
Man trägt weiße Bluse und blassblaues Hemd,
ein gequältes Lächeln und die Last
der letzten Jahre auf den Schultern.
Das Tablett in der Hand.
Überwindung von ego und Tischplatte.
Ein Griff wird zum Eingriff.
Ritualisierte Hemisphärenstörung.
Zubereiten. Zu bereiten. Zu bereit.

Brot? Nein. Besser für's Messer:
Ein krustenkrosses Brötchen.
Die untere Hälfte belegt mit einer
Scheibe Selbstmitleid, die andere Hälfte
zieren drei Löffel Zuversicht auf Quark.
Die Gläser. Gefüllt.
Frisch gepresste Zweisamkeit,
gefriergetrocknete Tränen und eine Prise
liegen gebliebene
Leidenschaft.

*Franziska Nöthen *1946*

Schluckbeschwerden

Hab ich meinen Gefühlsbrei
Gut umgerührt
Abgeschmeckt
Dosiert in kleinste Häppchen

Hab ich meine Gedankenkrümel
Messerscharf hin und hergeschoben
Analysiert
Portioniert in kleinste Wortsequenzen

Hab ich meine Schmerzscherben
Weggeschluckt
Versenkt in tiefste Tiefen
Heißt mein Menu

MELANCHOLIE

Ein Hauch Traurigkeit
Komponiert mit einer Prise Sehnsucht
An einer leisen Ahnung von Vergänglichkeit
Garniert mit glasklaren Fakten

Das Dessert
Eine Mousse
Aus zarten Traumgespinsten
Heb ich mir auf als eiserne Reserve

*Bernhard Veltmann *1961*

Kalte Schlacht

Die Harmonie erfolgt in Schüben
nach Jahren trauter Zweisamkeit,
und die Idylle will sich trüben,
wenn Hader nach Erfüllung schreit.
Der Zahn der Zeit, der alles nagt
und manche Liaison bedroht,
gebiert die Tat, die doch gewagt
das traute side by side verroht.

Beim kargen Akt der Mundhygiene
lässt sich Harmonie verwerfen,
zerrt derweil doch notabene
am hageren Kostüm der Nerven,
so man aus der Nahrungsquetsche
mittels feiner Säuberseide
Späne an den Spiegel fletsche
und der Gemahlin ihr Geschmeide.

Deren Adern dilatieren.
Die Zornesröte steigt empor,
lässt das Farbenspiel grassieren
vom Halse kranial ans Ohr.
Will man die Gattin provozieren,
ist die Methodik sehr probat,
doch wird man ihre Gunst verlieren,
streut man stetig solche Saat.

Nicht Arglist und nicht Niedertracht,
nicht Absicht oder böser Wille:
Es ist die leise, kalte Schlacht,
sie bringt dem Funk die Stille.
Das Leben plätschert ungerührt
nach mehrmaliger Dekade.
Kein Schmetterling, den man noch spürt,
die Glut der Liebe lischt sich. Schade!

*Olivia Auth *1999*

Marmeladengläser

Manchmal wünscht ich,
Liebe könnt ich
In Marmeladengläser fülln

Denn dann würd ich,
Unbedenklich
Sie öffnen immer wenn ich will

Vielleicht mag ich,
Unerbittlich
Dir deine Fehler nicht verzeihn

Denn es scheint mir
Ganz vortrefflich
Deiner Liebe Herr zu sein

Doch ich glaub, ich
Würd versöhnlich
Ein Gläschen Liebe dir verwahrn'

Dann schaust du mich
An ganz lieblich
Öffnest es und riechst daran

*Anna Wessel *1987*

Lob der Erdbeerkonfitüre

Oh du samten rotes Mus,
ach, wie zittert Kopf bis Fuß
in Erregung, heb ich dich
mir zum Munde feierlich.

Zart verstrichen auf dem Brote,
zungverzückt, euphorisch lote
ich deine beerig Süße aus.
Oh Glück! Oh paradiesisch Schmaus!

Ein Knospenfeuerwerk fürwahr,
außerweltlich, göttlich gar!
Dreifach Hoch dem edlen Schenker
vom gierig nun zum Munde Lenker.

Oh du samten rotes Mus,
oh ich schmiege, nein ich schmus
mit der Zunge mich ganz nah.
Oh Glück! Oh Weh! Ambrosia!

*Gabriele Franke *1957*

Sommertraum

Auf bloßen Kacheln,
gewärmt vom Sonnenlicht
träumt sie in den Tag.

Sonnenstrahlenspiel
zeichnet mit Balkongittern
schmale Konturen.

Über ihren Fuß,
ihre Beine, ihre Scham,
Schweißperlen glitzern,

verbinden sich
mit ihrer Feuchtigkeit
wohlig, behaglich.

Windhauch entfaltet
ihre Knospen wie Blütenblätter
ganz sanft, behutsam.

Zunge kostet
den Saum roter Lippen-
salzig der Geschmack.

Erwacht im Mondlicht
verflogen die zarte Hitze
ganz kalt ohne ihn.

*Gudrun Winkelhofer *1963*

Sommernachtsrot

Erdbeersüße Leichtigkeit,
der Duft einer Sommernacht
und ein Hauch von Ewigkeit.
Berührungen, zärtlich und sacht.

In den Gläsern funkelt roter Wein.
Musik klingt leise aus der Ferne.
Schattenspiele im Feuerschein
und im Licht der Sterne.

Sanfte Hände auf der Haut,
Lippen, weich und rot und zart,
Küsse, aufregend süß und so vertraut.
Sommernachtsrot die Zeit verharrt.

Haut an Haut, vom Mond bewacht.
Flüsternde Worte und Blicke verführen.
Die Farbe dieser Sommernacht
wird bald sich an den Tag verlieren.

Der Morgenwind spielt leis' sein Lied,
erzählt von Leidenschaft und Liebe.
Sommernachtsroter Traum entflieht.
Ach, wenn er doch nur bliebe...

*Dietrich Hellen *1946*

Im Traume

Dich träum ich jeden Augenblick
Am Tag und in der Nacht
Mein Auge dich nicht lassen will
Umarm mich nicht so sacht

Dich halt ich fest in meinem Arm
Die Luft zum atmen fehlt
Ich trink aus deiner Augen Blau
Tiefe Ferne Näh

Dein Lächeln dir mir zugewandt
Zeugt all mein Freud und Weh
Im Wird dann in jeder Nacht
Bist du bei mir gesteh

Ich such im Wiesenmorgentau
Im Sand und auch im Schnee
Nach Spuren du bist da
Wenn ich dich auch nicht seh

Die Perlen dort im Wiesentau
Tautropfenglanz am Klee
Die zeigen mir du bist mir nah
Die Sonne tilgt die Spuren jäh

Mein Glück ist jeder Augenblick
Halt ich dich fest und stark
Aurora Göttin deine Macht
Behüte Träume Tag und Nacht

*Erica Natale *1973*

Tantalus

In Grün gebettet
blickst du hinauf in den Baum,
du siehst Kugeln aus Frucht,
sie spielen im Wind,
mit dir und deinem Verlangen.

Rote Kirschlampions
verschließen das Licht,
zweckfrei wollen sie hängen,
sie nützen den Windstoß
und weichen zurück.

Die Gedanken schweifen umher,
erproben die Luftwege, erreichen
am Ende schwebende Welten,
kleine Früchte, zu greifen
nur mit deinen Metaphern.

*Marina Maggio *1967*

Der Mond hob
sich nicht alleine
aus seinen Angeln.
Die Sterne kreisten um ihn.

Auf dunkler Seide
wogten sich fremde
Wesen in den Schlaf.
Ihr Leuchten war aus
zartem Marmor.

Das war Gestern, als
sich in der orangen
Kapuzinerkresse eine
häuserlose Schnecke
ihren Weg fraß.

Heute ist der Tag
schweigsam ... transparent.
Die Träume können sich
nicht darin verstecken ...

... sie sind verletzlich wie Glas.
Und nur ein einziger
Flügelschlag könnte ihre
Zukunft zersplittern.

Rosige Zeiten frieren
auf den dünnen Zweigen
und zuweilen treibt mir
der Wind den Duft von
Lavendelblüten ins Haar.

*Margarete Kirchner *1950*

Traumgarten

Wildes Bunt und Schlingendes,
Wicken-, Rosen-, und Lavendelduft,
gelb blühender Tulpenbaum,
Sommerflieder mit Schmetterlingen und
Bienen,
Vogelgezwitscher,
plätscherndes Wasser,
blinkende Sonnenstrahlen. –

Naturverbundenheit,
Magie,
Morgenstille,
Decke im Baumschatten,
malen, Gedichte schreiben, - Liebesgedichte,
Findebücher lesen,
Erdbeeren naschen,
Feldsalat und Kräuter pflücken,
Gaumenfreuden.

Grillabende mit Freunden,
heitere Gespräche,
gemeinsame Freude. –
Einfach nur schön.
Kinderlachen,
Quatsch machen,
Eis schlecken. –

Liegewiese für meine Seele.

*Karl Heinrich Reutlinger *1936*

Später . . .

Mein Gretchen sitzt im Garten
um dort auf mich zu warten,
doch ich komme nicht.

Das macht ihr Herz so schwer,
sie liebt mich gar so sehr,
dass es ihr schier zerbricht.

Die Zeit scheint ihr verhangen
mit Warten und mit Bangen,
im Dunkel ist kein Licht.

Doch ich bin kein Verräter,
ich komm' nur etwas später,
der Glücksstern wartet schlicht.

Wie ihre Augen strahlen,
vergessen sind die Qualen,
die Lethe trink' ich nicht.

Das Leben ist im Wandel,
d'rum bleibt's bei stetem Handel
mit wechselndem Gewicht.

*Maria Rosa Kirchner *1945*

Leben eben

Lachen, hetzen, prodeln, schreien
nichts bereuen, weniges verzeihen
auf des Messers Schneide sitzen
tiefe Spuren in die Rinde ritzen
feilschen, kaufen, zündeln
Schweres und Leichtes bündeln
am Rande dieser Erdenscheibe stehen
an der Ewigkeit ein wenig drehen
im Gezeitenstrome schwimmen
den Sorgenberg erklimmen
einen bunten Teppich weben
das Sammelwort heißt Leben

*Daniel Theler *1988*

Barockes Liebesgedicht

In euch ihr Knospen und ihr Blüten
will ich meine Gedanken legen
Ihr sollt wenn Trauer mich umhüllt
meine Erinnerungen hegen

Erzählt's der Erde und dem Winde
und jedem der es wissen mag
dass ich an diesem Tage heut'
die schönste Maid von allen hab'

Vom sonnengelben Haar erzählt
und von der Haut so weich wie Samt
Berichtet in der Farbensprache
über die Schönste Magd im ganzen Land

Vom Herzen rein wie rauschend Wasser
und auch vom Schoß voll zagend Frucht
Erzählt mit all den süßen Düften
wie ich erlag der Liebessucht

Und dass durch ihre glänzend' Augen
ich ihre fromme Seele seh'
Und es mir sogleich erscheint
als ob ich Gottes Werk versteh'

Doch ich weiß, ihr müsst's nicht sagen
es rauscht schon durch das Waldgeäst
dass wegen eines bessren Mannes
sie mich in Bälde schon verlässt

Und drum ihr Knospen und ihr Blüten
will ich in euch meine Gedanken legen
Ihr sollt wenn Trauer mich umhüllt
meine Erinnerungen hegen

*Charles Stünzi *1948*

Sonettes Liebesgedicht

Es ist schon alles tausendmal gesagt
Von Gott und Welt, vom Leben und vom Tod,
Vom Sonnenaufgang und vom Abendrot,
Selbst was in diesen Zeilen wird geklagt.

Auch die Natur ist längst schon ausgedichtet.
Symbole, Bilder sind meist ausgelatscht,
In Trivialromanen wird getratscht
Mit Worten, die mal warn der Kunst verpflichtet.

Längst abgegrast ist auch das Feld der Liebe.
Sind Liebesdichter nicht gemeine Diebe,
Die schamlos alte Dichterworte stehlen?

Darum verdient ich Tadel und auch Hiebe,
Wenn ich von meiner Liebe jetzt noch schriebe.
Und doch: Ich liebe Dich! Kann's nicht verhehlen.

*Christof Schwab *1988*

Und . . .

Und unter all den Wesen, die mich anscheinend mögen,
erkenne ich dich in deinem Zögern als die Schönste.

Und unter all den Wörtern, die ich täglich vernehme,
erkenne ich in unserem Schweigen die Gespräche mit Tiefe.

Und unter all der Wärme, die Fremde mir geben,
erkenne ich in deiner Kälte das Feuer der schüchternen Liebe.

*Moritz Schlenstedt *1996*

Flieder

Und unter den gestutzten Schatten
taucht der Flieder wieder auf
ein wenig angenagt von Ratten
breitet er sich trotzig trotzdem aus

Er tüncht sehr leise, duftet still
und wird nicht mehr beachtet
als es eine arabeske Dame will
die sich unbemerkt umnachtet

Der Flieder fiedert sich langsam
wählt seine Blüten bedächtig
sucht kein Bouquet, einen Anklang
Abendrot im Schnee, vornächtlich

So zieht er seinen Bogenstrich
über triste, zyklische Dekaden
In deinen Fliederaugen sehe ich
betörender Dolden zartes Zagen

*Ion Alexe *1948*

Das Angesicht

Weißt du ...
... die Sterne sind deine Halskette ...
und die Nacht könnte dein fließendes Haar sein ...

weißt du ...
... das ist vielleicht mein Liebeslied

Gestern Abend.
Einen Käfer, leidenschaftlich hat er
dein Gesicht mit seinen Flugbahnen geschminkt ...

Spät in der Nacht bin ich erwacht ...
Die Augen ...
das Lächeln und die Tränen wurden fertig gestaltet.

Die Hoffnung war noch da ... meine Liebe ... zerbrechlich.

Der Raum,
die Luft, mit seiner undefinierten Form
hat die Seele versteckt zwischen den Atemzügen.

Das Licht überspielte die Begründung.

*Oz Nabel *1997*

Burning flower

Ich warte auf dich
Wie ein Frosch auf seiner Seerose
Sitze schweigend in der Ecke
Monotone Anemone

das schönste Lied
Ist deine Stimme
Unendlich mal schöner
Als jede Art von Stille

Ich dusche nur noch bei Kerzenlicht
Denn im sanften Schein der Flamme seh' ich dein Gesicht

Du bist der Grund
Warum ich jede Nacht wach bin
Und in Gedanken nirgendwo
Außer bei dir bin

Du bist der Grund
Warum ich jeden Morgen aufstehe
Und im Spiegel dich statt mich sehe

Deine Haare sind die Mähne eines Löwen
Deine Worte sind das Singen der Vögel
Du hast den süßesten Geschmack in meinem Mund hinterlassen
Ich kann dich auch nicht für einen Tag verlassen

Deine Ohrringe sind Kristalle aus Schnee
Deine Idee ist der Zauber einer Fee
Und deine Augen sind die Perlen in der Auster

*Georges Awad *1959*

Für die, die meine Seele ausgeliehen hat

Ich nähe dir ein Kleid aus Pfefferminzblättern
Knöpfe und Kragen aus Saphiren
mache dir eine Kette aus frisch gerösteten Kaffeebohnen
knete dir Schuhe aus Seerosen
und schaue dir beim Anziehen zu

ich leihe dir meine Seele aus
lasse dich frei in die Welt
und in mir alle Welten erobern

wenn die Blätter austrocknen
die Bohnen anfangen zu bröseln
und die Seerosen welken
duftet meine Seele nach Minze
und Kaffee

und leuchtet wie die Saphire
wenn sie an dich denkt

*Kathrin Minge *1972*

Warten

Auf was?

Die Freude welche im Dickicht des Nebels verschwindet.
Das Schöne welches mit der Maske der Verzauberung erscheint.

Im Dunst der Gedanken gehen die wahren Gefühle unter.
Die Emotionen schwappen wie hohe Wellen aus den Köpfen heraus.

In diesem Moment steht die Zeit für Sekunden still
und die Lebensuhr scheint rückwärts zu drehen.

Aus dem Geäst der Liebe bricht ein winziger Zweig
und bringt alles wieder in geordnete Lebensbahnen .

Das Warten verschwindet wie ein schwarzer Schatten im Nichts.

*Stephan Klonowski *1969*

Seelengefährtin

Als wir uns die Hände reichten schien es mir
als wüsste ich mit einem mal so viel
vertrautes
in mir tot geglaubtes Sein
ein Bild von dir
aus einem anderen Leben
wie ein Hauch von etwas das wir in uns sahen
vielleicht ein Haus
an dessen Türen unsere Namen kleben
Und als ich ging
da war ich niemand mehr
wie etwas von dir losgelöstes
das keinen Namen hat
dem jemand im vorüber gehen
all seine Träume nahm
In jeder Ahnung fühlte ich Verlust
an dessen Rand dein Schweigen brandete
und warf in diesem deine Gegenwart
wie man ein Ring in die Gezeiten wirft
der immer wieder strandet
der weiß... an dieser Stelle
und ein Gedanke hob mich auf
wie eine Bitte an der Schwelle
der man beide Hände reicht.

*Judith Arweiler *1994*

Meine Freiheit in dir

Dein. Lächeln bringt Licht
In die Einsamkeit des Raumes,
Deine Stimme brandet heiß
Durch meine verödeten Adern.

Du. Weckst das Leben
In meinem kalten Herzen,
Treibst Tränen des Glücks
In meine trüben Augen.

Dir. Zu vertrauen,
Wird mein höchstes Bestreben,
In dich zu fallen,
Bringt mir die größte Freiheit.

*Andreas Zbinden *1961*

Liebendes Herz

Liebendes Herz
Aus dir schöpfe ich
Trinke ich
Atme ich meinen Frieden

Mein
Ist dein Leben
Dein
wird mein Leben

Ich
Sehne mich
In dich hinein
Du meine Seligkeit

*Heinz Krüger *1941*

Schlaflos liegend

Der fluss mit seinen ufern die sich winden
Die abendbrise kräuselt sanft den glanz
Den letzten strudel sieht man drehend schwinden
Und myriadenfach vergeht ein tanz.

Ein schwan hebt abschiedsegelnd seine schwingen
Die flaute hat mit ihm nicht viel zu tun
Ins lecke boot versucht ein fisch zu dringen
Doch schlaflos liegend lassen wir es ruhn.

Die schwärmerpaare schwirren zu der weide
Dort findend irgendwas das uns geheim
Die nachtigall singt glücklich für uns beide
Verliebt-vereint mit uns im träume-reim.

*Ludwig Reiter *1981*

Puls

Geruhsam wärs in meiner Bucht,
nur manchmal eine kleine Welle;
wie ein Stein am Wegesrand
verharr ich auf der gleichen Stelle.
Nur eines stört, ein leiser Ton,
er tickt und tackt in meinem Ohr
und sagt: "Dir läuft die Zeit davon!"
Ich hörs, und fürchte mich davor"

Tauchig, bröcklig zur Welt gewandt
trag ich mein Weltgewand, gar weltgewandt;
Voll Angst vor Poesie, die sich
nur selbst zum Zwecke, gieße ich
auf welkes Blatt den Tintentropfen,
klinge scharf wie Messerstich.
Im Hinterkopfe klopft gewiss
die Immer Formel: Besser dich!

*Boris Semrow *1964*

Entscheidung

Draußen scheint die Sonne
Drinnen funzelt ein Licht
Nachts leuchten die Sterne
Aber die siehst du nicht

in deinem kleinen Zimmer
zwischen Bücherregal und Fernsehgerät
selbst das Telefon schweigt
dich an und dein Leben

übernehmen die Helden
der Bestseller und Blockbuster
jeden Tag ein Happy End
nur du – wartest und bleibst

Allein in deinem Raum
Drinnen ruhn die Zeiger
Draußen winkt ein Traum
Es ist nur ein Schritt

*Iris Sondermann *1960*

Frage

Ist es nicht so
dass auch wenn wir stehen
auf der Erde
ganz still
wir uns mit ihr drehen
ganz egal
ob man will
und wir so
ganz ohne
es zu spüren
ein bewegtes Leben führen?

*Daniel Behrens *1969*

Dia Show

Augenschluss-
darunter flutet eine neue Welt
daher-
süßes Tränenmeer,
nimm und kühle
heiße Wangen!

Da eine Stimme:
Werde Salz! Werde Licht!
Das, was du siehst
bist du-
seitenverkehrtes Angesicht
entlang der Wand.
Multidiaprojektion:

Das Leben in der Hand.
So verweilest du...

*Petra Friedel *1963*

Am Meer

Der Tag war schön. Von kleinen Booten,
die schwerelos ins Blaue glitten,
am Horizont mit Möwen stritten
um neue Ufer auszuloten,

dringt nicht ein Laut mehr. Ist das Werden
längst in der Dämmerung verklungen.
Was tags im Sonnenlicht gerungen,
will nun besänftigen, sich erden.

Und nichts was war, was ist, was wird,
was streitet, liebt, was kämpft, was irrt,
zieht wellenschlagend noch die Runde.

Im letzten Licht, dem samtenweichen,
lass nun auch uns die Segel streichen
und lauschen: jener blauen Stunde ...

*Barbara Künzl *1943*

Blaue Stunden

Wenn die blauen Stunden wieder
über dunkle Hügel schweben,
wenn die müden Amsellieder
Wehmut in die Bäume weben,

wenn vom Flieder, wild und duftig,
violette Blüten regnen,
die den Träumen, leicht und luftig
auf dem Weg zum Schlaf begegnen,

spürst du dankbar, wie ganz sacht
nun des Tages harte Schatten
im diffusen Licht sich runden.

Zauber zwischen Tag und Nacht
füllt so leis mit weichem, matten
Samt die lieben, blauen Stunden.

*Helmuth Schönig *1949*

Abends am Meer

Augen schließen
Wind einatmen
Rauschen hören
Wellenweise
Ruhe finden

*Klaus Dieter Beck *1958*

Jetzt

Verschwommen
im Nebel
vor mir
dein Lächeln.
Zeitlos vergessen,
das alles
ein Traum
gewesen,
der im Jetzt
gestrandet ist.

*Ute-Marie Thiele *1967*

Gestrandet

aus dem Meer der Träume
fauchen noch die Elemente
magisch und bedrohlich
heulen Schattenbilder
zwischen den Welten
wiegt mein Körper schwer
suchen die nackten Füße Halt
in der Wunderkammer
meiner verwischten Gedanken
ein wortloses Wellenzittern
spült die letzten Sedimente
aus dem unendlichen Blau
hinaus an das Ufer meines Tages.

*Karin Maria Hankowetz *1961*

Inseln

An den Zauber deiner Stille
lehn ich meine Ungeduld
dort ruht sie
bleich doch sicher.

Meine Überschwänglichkeiten
leg ich zu deinen wenigen kostbaren Worten
und phantasiere mir Liebesglück.

Wild umschäum ich deine Inseln
für Augenblicke reichst du mir dein Meer
verschwendest deine Welt an mich
nur immer bis zum Morgen.

*Miriam Elena Sipala *1983*

Galiza

Es ist eine zarte Berührung,
kein forderndes Festhalten.
Sehnsüchtig, tief, in alle Richtungen fließend
– das antike Lied der Fischer.
Es ist die geologische Geschichte eines
alten kostbaren Kontinentes. Würdevoll sichtbar
– im Land der tausend Flüsse.
Uralte ewige Geschichten, gegenwärtig in
poetisch vollendete Bilder gefasst.
Heroisch stimmungsvoll,
auf großer Fahrt, über das silberblaue Meer.
Ein energisches Rendezvous mit
spektakulären Steilküsten.
Von graziösen, fjordähnlichen Flussmündungen,
tief in das immergrüne Land hineingetragen.
Unendliche Weiten, smaragdfarbene Wege
– optische Illuminationen erlebter Erinnerungen.
Es ist die Symphonie der Kontraste eines
fragilen Planeten.
Schuldbeladen steht der Mensch vor einer
göttlichen Natur, in ihrer reinen,
unschuldigen Ursprünglichkeit.
Lichtblauer Morgennebel spiegelt sich
auf der Oberfläche des Wassers.
Sanftmütige Wellen tragen
essenzielle Klanggemische der Morgenstille
wieder zurück in das offene Meer.
Sie bieten keine akustische Orientierung in
der lautlosen Abwesenheit
der menschlichen Demut.

*Annabelle Kahmann *1997*

Unendliche Weite

Zärtlich blickt der Mond hinab,
silbern strahlt sein Lachen
auf das Meer, das spiegelglatt
erwartet sein Erwachen.

Myriaden Diamanten
funkeln, glitzern, tanzen nun
um den Mond, den eleganten
immer hübsch im Kreis herum.

Myriaden kleinster Sterne
leuchten, lachen liebevoll
locken in die weite Ferne
glänzen, glitzern liebevoll.

Myriaden Galaxien
zeichnen dieses Weltenall
zieren Sonnen, Monde, Sterne,
unbegrenzt und wundervoll.

Zärtlich blickt der Mond hinab
über Wind und Wellen
auf das Meer, das spiegelglatt
beginnt ihm zu erzählen ...

*Jolene Plich *1993*

Meeresruf

Nun komm, wir segeln davon,
über's weite Meer,
bis zum Ende der Welt.

Lassen alles hinter uns,
leben vogelfrei,
werden Kinder der See.

Erleben Abenteuer,
die Größten der Welt,
sind glücklicher denn je.

Ein neues Leben beginnt,
du, ich und das Meer,
da ist nichts was uns hält.

Jetzt sag, hörst du ihn denn nicht,
den Ruf des Meeres?
Er zieht uns magisch an.

*Elfriede Weber *1941*

Ankommen

Wir segeln ins Leben – wie ein Schiff ohne Mast,
kommen hier an – sind aber nur Gast.
Der Strom des Lebens birgt manche Gefahr,
so rudern wir mühsam – Jahr für Jahr!

Mutig umfahren wir jedes Riff –
wohin führt uns unser Lebensschiff?
Beladen mit so manchem Ballast
halten wir im Hafen Rast.

Allzeit hoffend – alles wird besser
durchqueren wir mutig viele Gewässer,
kämpfen auf hoher See mit den Stürmen
und versuchen uns abzuschirmen –

Es bricht ganz tief aus uns heraus,
wo finden wir Ruhe, wo sind wir zuhaus?
Scheint die Sonne wieder, sind wir zufrieden,
denn herrliche Seefahrt ist uns beschieden .

Doch es lässt uns angstvoll ahnen,
schnell ändern sich die Lebensbahnen.
Als Suchende hetzen wir durch die Zeit –
kommen nie wirklich an – nicht gestern nicht heut.

Wenn einst endet unsere Lebensbahn –
dann kommen wir endlich zuhause an!

*Silja Johannsen *1987*

Elfriede

Papierdünne
Haut
dahinter
Frühling

Schaufelgroße
Hände
die sich nie
zu fein
waren

Ein heiseres
Lachen
bei schmutzigen
Witzen

Der weichste
Busen
lädt ein
abendlich
zu sein

Am Morgen
geheime
Gesten
von Bedeutung

Die Tür
immer offen
atmet dich ein
atmet dich aus

Sich nie
erklären
müssen

*Verena Homberger *1974*

Segel.ins.Leben.

Im gewaltig großen Hafen
werde ich liebend empfangen
Sie setzen die Segel und schweben
volle Fahrt voraus
ins wunderwonnenwarme Leben
und lassen die Leinen los

segeln sanft auf seidenseichter See
wärmen mich auf wild wogenden Wellen
steuern uns durch stärkende Stürme
tauchen mit mir in tosende Tiefe
retten mich aus ruheloser Rast

In stärkenden Stürmen
zeitlosen Zaubers
erkenn ich meine Kräfte
werde ich groß

Ich segel ins Leben

*Rainer G. Gellermann *1951*

Des Lebens Fahrt wird plötzlich unterbrochen

Des Lebens Fahrt wird plötzlich unterbrochen.
Ein Augenblick wirft seinen weichen Anker weit ins Meer.
Das Schiff nimmt neuen Kurs und stellt sich quer.
Des Lebens Fahrt wird plötzlich unterbrochen.

Ein Augenblick wirft seinen weichen Anker weit ins Meer.
Das Schiff beginnt im Sommerwind zu schwanken
und das Begehren zieht durch alle seine Planken.
Ein Augenblick wirft seinen weichen Anker weit ins Meer.

Das Schiff nimmt neuen Kurs und stellt sich quer.
Es wartet auf die braunen Augen, die es zwangen
auf neuen Kurs. Hab Mut! Jetzt gilt's den Fisch zu fangen:
das Schiff nimmt neuen Kurs und stellt sich quer.

*Philipp Berghoff *1991*

Schöne aus dem Nichts

Nebelschwaden, fahrig, undurchsichtig

Höre ich deinen Gesang
Wie er bricht an meiner Brandung
Ton für Ton
Klang um Klang

Strecke meine Arme nach dir aus
Doch kriege dich nicht zu fassen
Mein Inneres Verzehrt sich
Wie Midgard jage ich wie eine Bestie
Nach dir

Ich bin ein Tor
Kopflos verloren im Nebel
Es gibt kein zurück
Als Licht durch eine Ritze bricht

Ich liege an einem Strand
An meinen Füßen die Gischt
An meinen Schultern zarte Haut
Warmer Körper eng umschlungen
Ein Gesang dem ich über die Meere folgte
Ein Lächeln, dass mich wie ein Leuchtturm
Zu dir führte

*Elvira Kensche *1952*

Das Herz

Ich habe heut' ein Herz entdeckt,
das in den Sand man schrieb.
Ich weiß nicht, was dahinter steckt.
Wer hat da wen so lieb?

Ein Märchen kommt mir in den Sinn:
"Die kleine Meerjungfrau" genannt.
Sie gab einst ihre Stimme hin
und hoffte auf des Prinzen Hand.

Doch wer das alte Märchen kennt,
der weiß, es blieb ein Traum.
Es gab für sie kein Happy End.
Sie wurde Meeresschaum.

Ich schaue auf das Herz zurück,
das soviel doch verspricht.
Den Liebenden wünsch' ich viel Glück.
Ihr Märchen kenn ich nicht.

*Angelina Kammerer *1995*

Ein letztes Mal

Kann ich dich ein letztes Mal halten,
bevor die Flut kommt und
unsere Spuren im Sand verwischt,
als wären wir nie hier gewesen?

Kann ich dich ein letztes Mal halten,
bevor du gehen musst und
es kein zurück mehr gibt,
wir uns voneinander entfernen?

Kann ich dich ein letztes Mal halten,
bevor ich dich für immer verliere und
wir uns nie mehr so nahe sind,
so nahe, wie nur wir uns waren?

*Andreas Wachweger *1953*

Nordküsse

von einem Wind
aus mir
zu dir getragen
dem Lauf der Welt
entgegen zu laufen
ihm entgegen zu halten
all das
was wir schon in der Hand haben
all das
was uns hält
und trotzdem
so leicht macht

sich Lehnen
ist kein sich Bücken

es
könnten
auch
Südküsse
sein
denn ich fühle mich
wie ich
und dein

*Ingrid Dressel *1954*

Wie Ebbe und Flut sich verheißen, entziehen
in wiederkehrendem Wellenrhythmus,
so wandeln Gefühle, Gedanken
sich unstet in unseren Lebensgezeiten.

Doch wenn Gedanken
kommen und gehen,
kommen und gehen,
kommen und gehen,
und doch unser Handeln
das Handeln das Leben,
das Leben unser Schicksal…

… unüberschaubar bestimmen
wie ein sich wandelndes Mosaik von Sandkörnern,
das weggeschwemmt durch die Wellen der Zeit,
bleibt nur der einzige Augenblick,
indem du sagst: – Ich bin –
Und ist er nicht gleich schon Vergangenheit?

*Daniela Schmidt *1981*

Flandern

Nach Flandern weinen, Grashalm im Licht verhüpft.
Im Watt die Ebbe sein, alles ist Weg.
Nach Flandern gleiten, Frühlingsschaften schließen.
Ruh' Veilchen, dein Gemüt klärt.

Abhandlungen im Gelächter schmecken wie Zuckerguss im Tau.
Deiche glätten, schmücken Eigenarten, im Wogengrau.
Eine Seefahrt ist gestrandet, trunken, unlängst im Wir.
Die Gezeiten stürmen auf und lichten ihren Anker fern, hier.

*Rita Liebtrau *1963*

ohne grund

den grund nicht
sehen nur
fühlen
den stein warm
und wie über sand gehen
nackte füße
ins gischtblau
die augen
weit ins ferne
tränen die lider
im wind
heult in den ohren
das wilde kind

salz krustet auf der haut
nach tang schmeckt alles nach
vergangenem

*Raphael Köhler *1988*

Meer

Meer: hier hör ich auf
und hier fang ich an.
Bist Du mein, immer
aufs Neue werdender, Stern?
Oder ist Dein Aufleuchten
weit weit ausgebreitet
nur tieferer Stille Puls?
Alles spiegelnder Sog.
Unvergessliches Läuten
lang vergessener Farben.
Wirfst Du Träume
von Dir in's höhere Sein?
Letzter Sturm –
bist Du's nicht selbst?
Wie Du, Wissender,
Wissen Ertrinkender sammelnd
ihre Schatten birgst,
behutsame Jagd
findender Hände,
Schloss aus Mosaik: Meer.

*Rebecca Graß *1992*

Die See

Alles in der Welt hat zwei Gesichter,
Mein Freund, bedenke das wohl,
Wenn du die Planken betrittst.

Spielt jetzt der Wind mit deinem Haar
Und das Wasser ist glatt wie ein Spiegel,
Bedenke, es ist die See.

Ich weiß, wie sie ist.
Wie sie ist,
Schäumt brodelnde Wut ihr kaltes Herz auf, wie sie dann

brüllend ihre Wellen an steinernen Hafenmauern zerschmettert
ihre Gischt dem Wanderer verächtlich ins Gesicht spuckt
Türme aufbaut, die, weiß gekrönt, in mahlenden Strudeln enden

dein Schiff, sollte es sinken, schluckt, kaut, verdaut,
deine Knochen bewahrt im Sandherzen
so wie ich die Erinnerungen an dich.

Mag sie noch so leise murmeln in der Sonne
Und lockend ihre Finger nach dir ausstrecken
Am Strand mit ihren Zungen deine bloßen Fußgelenke lecken

Ich weiß
Es bleibt
Die See.

*Norbert Scheurig *1951*

Schade oder Schade

Heulend pfeift der Sturm
über des Meeres blaue Spiegelhaut.
Nur noch zischende Gischt,
mir graut.
Turmhohe Wellen peitschen ins Gestade,
Menschenwerk zerbricht.
Schade?

*Mara Kristin Holtmann *1996*

Wellen

Blaue Wellen mit weißen Kronen erheben sich am Horizont.
Durch graue Regenwolken jagt der Wind spielend leicht und gut gekonnt.
Verschlingend erheben sich die großen Wellen zum Sonnenschein,
und ziehen ihn mit lautem Tosen tief ins schwarze Nichts hinein.
Das einst glatte Meer, verwundet vom Tropfen,
schluchzt und ächzt im Blitzesschein.
Im grollenden Donner zittert das Wasser, erschüttert durch des Himmels Wut.
Im Dickicht lauernd verstecken sich Tiere, vor den Mächten des Wetters
stets auf der Hut.

*Elin Bell *1960*

Sicheres Geleit

Drei kurz
Drei lang
Drei kurz
Die Zeit wirft Falten
Atmet schwer im Gegenwind
Zwischen Blitz und Donner
Und schäumenden Wogen
Drei kurz
Drei lang
Drei ...
Der Totengräber
Verborgen hinter Poseidons Maske
Geleitet das sinkende Schiff
Sicher auf den Grund

*Michael Brachner *1988*

Uferlos

Das Weiteste aller Zeiten,
der Strom des Lebens,
der Grund allen Bestrebens,
für den muss man bereit sein.

Das spritzige Nass,
Tauche ein, tauch' wieder auf.
Wo ist der Ursprung meiner Quelle?

Stürz' in den Bach,
hinab in den See,
dort bei den Ufern,
erblicke ich Licht.

Ich fand meinen Weg,
gestrandet als Welle.

*Michel Ackermann *1964*

die dame

schwarz ist dunkelgrün,
der bauch ganz leicht gewölbt darunter.

Befund: glatt und oben
mahnt uns der schopf. Kopfüber

blond, ja, augengroß ein lächeln, kalt
bis androgyn im dieseits von:

sprache. All die zeichen unbeschieden,
das graue matt, der stoff.

*Marcel Wyrobek *1993*

Buddelschiff am Horizont

Schönen Tag auch, die Dame,
Wies mir ginge?
Wie immer.
Viele Gespräche, noch mehr Wein,
Die handelsübliche Depression,
Frei Haus.
Neben mir sitzen
Und vergessen
Was die Frage war.
Schnieker Schmuck und
Viele Ketten,
Zuckerwatte und Rotwein
Im Whiskeyglas.

Komm schon, Hübsche,
Lass uns reisen,
London, Paris, New York,
Das Schiff in der Flasche.
Auf hoher See im
Roten Meer.

*Heike Kreitschmann *1963*

Zwischen Welten

Im hellen Blau strahlt die Sonne
in ihrem Licht wirkt der Mond
der sich mit ihr den Himmel teilt
wie angeknipst

Wolken treiben im hellen Blau
eines nächtlichen Tagtraums in Wellen
über die gesamte Weite einer Landschaft
die sich immer neu erfindet

Buddelschiffe – über die Wolken treiben – stranden
Glas zerbricht an scharfen Klippen
deren Spitzen in die Irre
leuchten

Strömungen lenken Buddelschiffe
über die dunklen Gipfel der Tiefseeberge
deren Adler Wale und
Dohlen fliegende Fische sind

Wünsche flocken weich und dicht
aus blauem Himmel
aus ihnen webt die Sehnsucht in aller Stille
bunte Geschichten

*Beatrice Buchholz *1990*

Reisender

Reisender,
nimm mich mit
auf deinem Schiff
durch die Zeiten,
Weltenweiten,
Feuermeere,
Sternenwinde,
zum Fernenglück
und erst dann bring
mich zu mir zurück.

*Detlev Zesny *1961*

Wenn dir ein Traum die Freiheit schenkt

An welchem Strand bist du zu Hause?
In welchen Wassern fließt dein Geist?
Wohin treibt dich der Zeitenwind
der auf verborgene Wege weist?

In welchen Wolken liegt dein Traum
der sich im Wind nach Liebe sehnt?
Wo versteckst du die Gedanken
an die dein Herz die Sehnsucht lehnt?

Mit welchem Boot fährst du hinaus?
Wer ist der Captain, der es lenkt?
Wen wirst du in den Fluten finden
wenn dir ein Traum die Freiheit schenkt?

*Markus Waldura *1957*

Bitte an I

Mondglanz auf nächtlichem Meer,
Leuchtaktivität meiner Seele,
die mich anzeigt,
überall,
mich,
den größten liebenden Organismus,
traumineins mit der See.
ICH BIN DER PAZIFIK.
Wo du ihn auch nächtlich gewahrst,
vor Sidney, vor San Francisco,
neig Dich zu seinem Schimmer,
spür Dir nah meinen Traum.

*Anja Hagemann-Becker *1963*

Einladung zum Tanz

Heute Nacht
bin ich zum Tanz geladen
darf ich bitten
aber gern
Mondlicht fließt über
mein Wellenkleid
bewegt mich hierhin
und auch dorthin
lässt silbrig
Streifen glänzen
schwarz durchzogen
vermischt sich
Hell und Dunkel
Träume und Ideen
schaukeln in eine
Richtung
wechseln sie
kehren wieder
für den Augenblick
schon sind sie fort
für immer
vergessen

*Andreas Till *1964*

liszt

klavier tasten töne über den sand
gelb unter uns
tanze
auf den schwarzen steinen
grünädrigen
auf den blauen wassern weißkronigen

lass
mich nicht warten
flüstere mir deine wörter zu wörter für mich
gesagt
tanze mit mir über sand steine
wasser

lass
dich nicht warten
flüstere dir meine wörter zu wörter für dich gesagt
liszt
tanzt
grünadrige weißkronige
wörter

mit uns

*Marianna Lanz *1963*

klavier

einer schiebt sein klavier in die nacht und
kehrt nicht wieder

wir fallen durch netze und treiben im meer
schweigen bahnhöfe und lachen uns tot

schaf müsste man sein oder wolf oder hai
sind wir aber nicht

wir sind vögel die singen und hasen die
fliehn

*Wolfgang Mach *1946*

Wirklichkeit flieht

Immer
Wenn die
schwarzen Schafe
im Gänsemarsch
übern Zebrastreifen gehen
Am Bürgersteig
der Empörung flanieren
Dann vorbei
an den Buschwindröschen
bei dem richtungslosen
Abstellgleis
Wo der Weihrauch
der Aufregung
sich im Schwitzkasten
abschafft
Immer dann wenn die
Melodien der Zuversicht
die Klangfarben
zum Ohrwurm wandeln
Dann
Treffen sie auf ein Picknick
der Steckenpferde
Bei den tanzenden Windmühlen
in der Wolkenstadt
Dann
Befindet sich Realität
auf der Flucht

*Wolfgang Rödig *1965*

Tänzerin

Sie bewegt sich traumwandlerisch abgesichert
zwischen Drahtseilen und Akten, irrt
in Aufgeweckter Augen umfassend, umher
auf ihrer Suche nach der für sie
geeignetsten der Traumtanzveranstaltungen.

Sie nimmt ihnen ihrer Zungen Bosheit nicht ab
im Vertrauen auf ihr tänzerisches Können,
das wohl frühen Kindesbeinen Angedieh'ne.

Beifallsumrauschte Erinnerung
trägt sie hinweg über die Haltezeichen
limitier'nder Gelenke, geschwächten Geistes.

Vor ihr ist die Wanduhr stehengeblieben.
Hinter sich hat sie nichts als die Zeit,
die allzu bald deren Beispiel folgen wird.

*Theresia Wawra *1993*

Sonnenmensch

Regenbogenbläschen
Im schwebendem Tanze
Gleißendschön.

In ewigsanften Höhen
Erklingen seichtfließende
Farbsymphonien.

Sonnenwarme Herzen
Beleben Sternengeschöpfe;
Ich atme Licht.

*Anita Menger *1959*

Am Elfenteich

Geheimnisvoll wirkt dieser Teich
in morgendlichem Schweigen.
Ich wähne mich im Feenreich
wo Elfen sich verneigen
die, nach durchtanzter Sommernacht,
in das Gewässer steigen.

Am Ufer stehen Tag und Nacht
in trautem Einvernehmen.
Das Einhorn, das den Ort bewacht
verblasst: Ein weißer Schemen
sich aufbäumend im Mythenwind.
Die Nacht muss Abschied nehmen.

*Waltraud Merl *1946*

In der Urzeit

In der Urzeit meiner Seele
haben Träume keine Flügel.
Sie hängen ungeboren
zwischen Werden und Sein.

Verschlafen hält die Loshand
ihre schweren Schicksalszügel.
Gähnend lehnt die Zeit
am harten Lavastein.

Von der Liebesglut verdorren
dämmern meine Tage hin.
Meine Träume – nicht geboren –
trotzdem weiß ich, dass ich bin!

*Alina Büttgenbach *1995*

Südseezauber

Den Tag am Strande,
während des Zwielichts Schein,
vollendend.

Meine Füße getaucht,
in die Frische des Meeres Wassers,
des Ozeans Salz,
in lauer Luft riechend und spürend,
den Sand zwischen meinen Zehen fühlend.

Höchste Blüte.
Vollkommenheit.

Meinen Blick geworfen,
in Richtung eines Leuchtturms,
umrungen goldiger Dünen,
versunken in der Abendröte.

Zarte Briesen,
mein Haar durchstreifend,
meine Gedanken durch Lüfte schwebend,
still,
der Melodie des Windes folgend,
umhüllt des Südsees Glanze.

Durch furchtsam,
in nächtlicher Düsternis,
erwachend aus Traumlands Idylle,
fort von aller Harmonie,
entschwunden des Südsees Zauber.

*Georg Gaigl *1968*

heile welt

heilig mein wohnwagen
direkt am see
sage ich freie sicht
vom dunkel zum licht
blümchentapete
die welt ist tief
die gelbe boje mein auge hält

flackernde lichter
vom anderen ufer
wie grableuchten
löst sich ein kleines boot
im regengestöber
mein fluoreszierendes gemüt

*Julie-Marie Jörck *1992*

Mein Traum

Mein Traum ist weg,
verschwunden.
So süß
und jetzt so bitter.
Hat seine Schwingen ausgebreitet
Und ist hinweg geflogen.
Mit den Wünschen
Meines Herzens.

Tonspur

- // : Klopfzeichen - / (: mein Herz schlägt aus - / & schneidet - /
: durch diese Stille - / (: wie ein Wort - /
: das leise Kreise zieht -) / : entkleidet
sich schon / gespenstergleich / vor Ort -) /

: ein dunkler Glanz liegt / in den Dingen - /
: ich ritze - / : meine Tonspur ein - /
& messe meine Zeit - / : in Ringen - /
: es bleibt nichts - / : zwischen Sand & Stein - /

(: nur der Wind - / : der Regen - / & das Meer - /
: die Sonne - / (: die das klare Salz
aus allem brennt -) / : hängt tief & schwer - /
: im Trichterhals des trägen Schalls - /

& leuchtet schläfrig / jeden Winkel aus - /
(: enthäutet Zukunft - / : Schicht um Schicht -) /
: schickt Licht - / : zerrt die Gestirne kraus - /
: wirft Schatten weit voraus / & bricht

mit jeder Sprache - / (: was hier zählt -, ist Bild - /
(: doch spielt die Welt - / : als Grammophon - /
: die alte Erdscheibe - / (: wie wild -)) /
: & herzwärts spurt / mir jeder Ton -)

*Jana Manthey *1971*

Weißt du noch?

Weißt du noch?
Als wir auf mauligen Wüstenschiffen
ein Meer aus Sand durchstreiften?
Wir schmeckten Staub auf unsren Lippen
und heißer Wind schlich brennend sich
in unsre Haut.
Die Sonne- nur ein glühend heller Strahl,
weitab am Firmament,
ließ Tränen auf die Wangen rieseln-
eine Spur aus Salz, tief eingebrannt.
Erinnerst du dich?
Wie unsre Körper salzgetragen schwebten
im seichten Grün des Ozeans?
Das Wasser, schmeichelzart, umspülte unser Herz.
Und trug uns sacht hinaus,
dem weiten Horizont entgegen.
Der Himmel, blau und frei,
ließ unsre Augen träumen und den Verstand
im Leerlauf ruhn.
Denkst du manches Mal an dieses Herzgeflimmer,
wo heißes Blut durch enge Adern rast,
pulsierend in des Körpers Strom?
Als hoch hinauf wir stiegen,
den steilen Klippenkamm?
Wir schrieen unsren Atem laut dem Sturm entgegen,
ein eisigkalter Schwall ließ unsre Herzen glühn.
Ich flieh so gern mit dir ins Abenteuer,
mit dir wirkt alles Fremde nah.
Und Zeit wird vage,
wie ein dunkler Fluss ins Ungewisse
und Narben blass im Seelenstrom.

*Heike Knaak *1960*

stadt aus stein

mein gruß versandet |
unerwidert.
Blicke folgen mir |
gleiten ab ins leere.

An blendend weißen mauern
lehnen sie |
die männer |
warten | dass die zeit vergeht.
Spucken aus | auf spiegelnden stein |
glatt geschliffen
von tausend jahren.

Der boden hier
hat viel getragen.
Nur mich | erträgt er nicht.
Haus für haus
weicht zurück |
vor meinen schritten.
Im inneren | so kühl |
zieht jemand fensterläden zu.

Ich werde stiller |
jeden tag |
sehe nicht mehr auf.
Vorbei | an diesen hellen mauern |
werfe ich
keinen schatten.

*Veronika Keuschnigg-Kerber *1967*

Wüsten

Wüsten ...
Durst aus gähnender Tiefe,
nach Lebenswassern lechzend.
Sehnsüchtiges Verlangen-
Gier im wortlosen Nichts
und endlosen „MEHR“...
Hitze, Glut, Verwirrung
im Labyrinth der Dürre,
Sklave des Vergänglichen.
Konturen beginnen zu verschwimmen,
bizarre Fata Morgana entstehen.
Kräftezehrendes gegen den Strom
schwimmen im Pseudo-Meer.
Abtauchen- tiefer und tiefer,
bis auf den Grund der Oase des Seins,
um den Durst der Tiefe zu stillen.
Zeit in der Sanduhr verrinnt-
ein Wimpernschlag im Augenblick,
der Ewigkeit berührt.

*Claudia Fliege *1966*

Sonnenstrahlen

Sonnenstrahlen fegen durch wolkenblauen Himmel
Unendliche Wege führen sie ins glasklare Ziel
        Berührungen
Zart wie der Flügelschlag eines Schmetterlings
Sinnlich und verwegen küssen sie deine Haut

Weit fort in der Unendlichkeit meines Seins
Füge ich das Sonnenpuzzle zusammen
Verleihe den Strahlen blassweiße Flügel
Und schenke Ihnen die Freiheit

Niemand kann Sonnenstrahlen zähmen
Und doch vermag ich diese zu verzaubern
So wie Du mir einst die Liebe einhauchtest
Kehrt sie auf diesem Wege zu Dir zurück

*Rüdiger Kratzke *1966*

Für alle Zeit

Wo du auch bist,
wo du die Wege deines Lebens gehst,
ich stehe immer hinter dir,

in meinen Gedanken,
in meinen Gefühlen,
in meiner Liebe.

Zu dir in meinem Herzen,
werd' ich alle Zeit finden.
Mein Sinn gleicht einer felsenfesten Wand,
er hält dich liebend an der Hand,

in meinen Träumen,
in meinem Leben,
in jedem Augenblick allen Seins.

Im Laufe der Zeit kann vieles verwehen,
wahre Liebe wird niemals vergehen.

*Uwe Detemple *1963*

Havanna

Warme, weiche Sonnenstrahlen
Die dein Gesicht umspielen
    Das ist Havanna, der Tag
Und deine Hand in meiner
Vorsichtig, noch zögerlich
    Das ist Havanna, die Hoffnung
Und der erste kleine Kuss
Dir gestohlen in der *Floridita*
    Das ist Havanna, das Glück

Son und Salsa am Malecón
Wo wir stundenlang flanieren
    Das ist Havanna, der Abend
Und dein Blick, der ausstrahlt
Die tiefe Sanftheit der Karibik
    Das ist Havanna, deine Augen
Und jener Tag dann endlich
An dem du nicht mehr Nein sagst
    Das ist Havanna, wir zwei

Dann das Ende dieser Reise
Stunden sind wie Augenblicke
    Das ist Havanna, die Nacht
Und ein Lied, ein bisschen traurig
Gelauscht in der *Lluvia de Oro*
    Das ist Havanna, der Abschied
Und der letzte Tag, die letzte Stunde
Tränen der Sehnsucht schon
    Das ist Havanna, das Versprechen

*Frank Zillmann *1963*

Ruhe der Nacht

Lege mich zur Ruhe,
hänge meine Gedanken
neben die Hose
an den Arm des Herrendieners.

Lasse in leeren Kopf,
alltagssorgenfrei,
dich hinein
mit deinem Duft,
deiner Zärtlichkeit.

Sich schließende Augen
werden begleitet
von leisem, wohligen Schnarchen
auf deiner Bettseite.

Meine Gefühle sagen
dir kurz gute Nacht,
streifen deine Haut,
berühren leicht deine Seele

bevor sie sich mit mir
zur Ruhe der Nacht begeben.

Weiß noch nicht,
ob mich ihre Wärme
heute schlafen lässt...

*Lisa-Marie Buchholz *1988*

schlaf

auf dem rücken
hör dich atmen
dreh mich um
durch holz getrennt
auf dem rücken
hör dich atmen
dreh mich um
stoff stoppt den dunst
auf dem rücken
nur fünf schritte
hör dich atmen
ich schlafe ein

*Herta Dietrich *1966*

Nachtleben

Das Quaken der Frösche im Weiher
Die flirrende Hitze der Nacht
Ach hol doch alles der Geier
Ich bin aus dem Schlaf erwacht

Ich schwitze aus allen Poren
Die Schwüle bringt mich noch um
Ich geb meinen Träumen die Sporen
Und wünschte die Nacht wäre stumm

Ich wälze und wende mich, wehre
Mich gegen die Wünsche im Bett
Und die Sehnsucht läuft wieder ins Leere
Denn eine Nacht so allein ist nicht nett

Dann Schweigen und ein Pulsieren
Das meine Gedanken besiegt
Im Traum kann ich den nicht verlieren
Der im Bett nicht mehr neben mir liegt

*Lucie Preißler *1993*

Traumspüler

Warmes Wasser umspült meine Hände,
Klarer Schaum tanzt weich auf der Haut.
Gedanken malen Bilder an die Wände,
Bilder, auf Erinnerung gebaut:

Ich blicke in forschende Augen,
sehe Grübchen, tief und perfekt,
spüre Kräfte, die mich aufsaugen
und Zärtlichkeit, die mich bedeckt.

Mein Atem vermischt sich mit deinem,
warm und verlangend zugleich.
Deine Lippen endlich auf meinen –
Lippen, so samtig und weich.

Das Klirren von Glas nimmt die Klarheit.
Schimmernde Splitter, noch feiner als Sand,
überdecken die Bilder mit Wahrheit,
es bleibt nur die trüb-weiße Wand.

Und kühles Wasser mit schmutzigem Schaum,
durchstoßen von spitzigen Scherben.
Wie mein bebendes Herz, so zerbricht auch der Traum,
doch eins überlebt, wird nie sterben:

So lebendig das Blut, das in den Adern pulsiert,
so stark der Rausch der Gefühle.
Wenn auch die Erinnerung an Tiefe verliert,
lebt die Hoffnung noch fort in der Seele.

*Carmen Kais *1974*

Jenseits des Sichtbaren

Gedankenversunken sehe ich dein Bild vor mir,
bewege mich in deinen Augen...ich atme Dich.
Fühlbarkeit grenzenlos schwimmend.
Steter Tropfen Traurigkeit gefangen in meinen Händen.
Wie ein leiser Flügelschlag fliegst du von mir weg...
Stück für Stück.

Geh...

Tauche wieder ein,
in dein Meer der Oberflächlichkeit
und du wirst die unwesentliche Süße des Moments schmecken.
So wie es dir gefällt.
Meine Tiefe bleibt dir verborgen,
im Jenseits des Sichtbaren.

*Alexandra Wisskopp *1990*

Fernweh

Ich blicke zum Horizont, in weite Ferne.
Wolken verweben sich zu einem Schleier
Auf blauen Grund.
Unerreichbar und Fern.

Die Ferne ruft mich, doch unerfüllt
Verhallt der Ruf als ein immer wiederkehrendes Echo in meinem Herzen.

Die Sonne bricht hervor, blendet mich
Und sagt: Tritt hinaus in die Welt!
Sie wartet auf dich!

Ich trat hinaus und die Ferne war nun zum greifen nah
und das Echo, das Rufen in meinem Herzen verstummt.

*Stefan Arno Dressler *1980*

normandie, sommer

schlucht und kanal
vermessen den abstand
geben dem zwischen
nah und fremd
einen namen der
die stille einfängt in der
das misstrauen wohnt
tür an tür mit der neugier

landschaften
die mein auge auffädelt
die ich mir erfahre
schlucht und kanal
während die wolken
überall aufstehen

und möwen und kinder
denen zuletzt alles gehört
der bombenkrater im wald
der verwitterte bunker am strand
schlucht und kanal

*Martin Erdmann *1986*

Soldatenlieder

„Vorwärts Brüder
Gleichschritt Marsch
Vor Augen nur den Sieg
Gemeinsam
Für ein neues Leben
Ziehen wir in den Krieg!“

Die Parole weht im Wind
Lässt Fahnen voller Stolz erscheinen
In den Tälern, auf den Höhen
In den Städten, auf dem Land
Wo sich eins und eins nicht einen
Wo der Trugschluss nicht erkannt

Weht voran noch über Felder
Dort, wo Kreuz an Kreuz gereiht
Bedeckt von Gras und schwerer Erde
Sich der Tod mit Stein geschmückt
So manches Herz hier schon entzweit
So mancher Sinn der Zeit entrückt

Und klingen auch die Lieder weiter
Über Schluchten, tiefe Gräben
Wo in Blut und Dreck gelegen
Kein Soldat sie laut noch singt
Wenn das, was sie erträumt im Leben
Letztlich nach Verwesung stinkt

*Esther Horat *1958*

graue mauern

als das lächeln erwachte
die stimme kräftig schrie
die zarten knospen trieben
brach man ihm die hörner
verwundet, wehrlos, ausgebeutet
trottet es durchs leben
dumpf prallen seine beiden
stümpfe gegen graue mauern

*Martin Ulmer *1977*

Ein Wort

Nachtwolle

Zu warm war der Pelz,
als das man es hätte aushalten können.
Doch unentdeckt,
in der hintersten Ecke,
das Treiben betrachtend,
die Stärke neidend,
Mitgefühl verspürend,
für die verlorene Freiheit, der Jäger.

Steht weiß.
Still.
Ein Schaf.
Und trinkt mit Ihnen.

*Heike Großmann *1977*

Schafe für die Ewigkeit

Einer geht voran und alle gehen mit,
und das erfolgt doch bitteschön synchron – im gleichen Schritt!
Und dass hier keiner selber denkt. Das ist bei uns verpönt.
Wir werden schließlich ferngelenkt und ordentlich verhöhnt.
Ein jedes Schaf ist in der Pflicht: Hier wird nicht aufbegehrt!
Ne eig'ne Meinung gibt es nicht. Wer stört, ist klar verkehrt.
Denn Meckern ist strikt untersagt. Nur Schweigen ist erlaubt.
Wer trotzdem blökt, der wird verjagt. Gehirne sind verstaubt.
Drum immer schön in Reihe steh'n. Was and'res wird bestraft.
Was gibt es da nicht zu versteh'n? Gedanken sind versklavt.
Konformität ist hier das Maß. Wir springen einig rum.
Was willst du mehr? Nicht etwa Spaß? Das wäre aber dumm.
Der eine schreit. Die and'ren schweigen. Es muss sich keiner müh'n.
So lässt sich Eigensinn vermeiden. Sei still und bloß nicht kühn.
Und jetzt nicht bocken, sondern laufen. Hier wird stets mitgemacht.
Das ist ein schöner Hammelhaufen. Dass hier nur keiner lacht.
Zum Letzten sind wir stets bereit. Bei uns gibt's keinen Zank.
Wir sind die Schafe für die Ewigkeit. Wo steht die Schlachtebank?

*Thomas Röhrl *1965*

Im Schützengraben

Maschinen die Verlorenheit füttern
Bilder die von Wänden stürzen
Gefallene Beine
Fliehende Gesichter
Brütende Nester aus Stahl
Gräben sammeln Körper ein
Augen entweicht die Hoffnung in Zeitlupe
Erinnerung reitet auf dem Zittern tauber Beine
Aus blutenden Armen flieht ein Bild
das vor Tagen seine Kinder trug
Erhitztes Metall
Ein Splitter glüht an seinem Herzen
Zerstoßenes Schlagen von Granaten am Ohr
Aus dem unsichtbaren Feld der Luft
zerreißen Sandsteine die Haut
Der Samen trocknet ohne Sehnsucht
Sein Mund küsst nicht mehr
Im Sprechen kleben Worte an den Lippen
Die Zunge liegt wie ein Kadaver im Mund
Tausend verendete Körper
Der Blick zwischen seinen Lidern:
Der Stiefel an einem abgerissenen Bein
im Graben der im Schlamm verläuft
Seine Frau und seine Kinder
rollen auf feuchten Füßen den verlorenen Weg hinunter
Licht verblasst im Stillen
Über dem Saum der Zähne gleitet der Atem hinweg
Ach, einmal springen Worte wie Bombensplitter durch die Gegend
und suchen Worte aus den Bildern
Sehnsucht ist glühendes Metall

*Meera Hardebusch *1998*

Schmerzvoll ...

Etwas hartes umfasste mein Herz,
etwas das sich aufbäumte wie eine Faust
und immer näher kam und mich zerdrückte.
Ich zwang mich gegen dies zu wehren,
was es auch war, es musste raus aus mir.
Ich griff nach ihr und umfasste es so fest,
dass es mir selber weh tat.
Ich riss es aus meinem Körper und es verschwand,
für immer. Und dann wusste ich es was es war.
Der Schmerz, doch von welcher Tat?

*Gerhard Beck *1951*

Gerede

Närrisches Gerede aus blutenden Mündern
Täuscht mein Bewusstsein
Meine Schreie verstummen
Die Wirklichkeit hat mich verraten

*Sylvia Sabrowski *1971*

Unverhöhnbar

Unverholen grient das Versagen.
Unüberwindbar scheint jedes Große.
Unabwendbar schlägt das Scheitern.

Unvermeidbar dann die Einsicht.
Unverhöhnbar bleibt der Stolz.

Unversöhnbar sei mit dem Schicksal.
Unbezwingbar steht mein Wille.

DU kriegst mich nicht klein!

*Alexei Pavlovic *1989*

Anstand

Es ist wohl wahr: der schmerzlichste Verlust
Ist leicht mit etwas Reue kompensiert:
Sie rammte mir ein Messer in die Brust
Auf dessen Griff stand „Sorry ;-(“eingraviert.

*Juliane Hagen *1977*

Versöhnung

Und manchmal
Glaubst du, in den Kampf zu ziehen
Wohl wissend, dass du kaum
Die Waffe halten kannst
Geschweige denn gebrauchen

Notdürftig
Legst du deine Schilde an
Und fürchtest mehr noch
Wehzutun als selber
Schmerz zu leiden.

Dann
Triffst du auf den andern, der
In voller Rüstung vor dir steht
Doch zaghaft
Eine weiße Fahne schwenkt

Ganz leise
Legt ihr eure Waffen nieder
Und sitzt euch schüchtern gegenüber
Und nehmt die Schilde ab
Kaum glaubend
Dass ihr nur
Zwei Menschen seid.

*Natascha Huber *1986*

Nacht(v)ergeben

Du kraulst deine Ausreden unter meinen Fingern
von deiner Brust, als könntest du sie
in Locken drehen, damit sie mir besser gefallen.
Der Ventilator lässt sie im Takt tanzen, nachts

wenn wir uns schwitzend durch die Bettlaken
und unsere Albträume wühlen. Ich weiß,
deine Vergangenheit liegt geladen
unter deinem Kopfkissen. Voll Munition

entsicherst du Schicht für Schicht
deinen Mund und schleuderst mir entgegen
was du Alles aufbieten kannst – sicher
verstaut unter deinem wunden Brustkorb,

um dich wild zu wehren. Ich hebe die Hände
und ergebe mich deinem abgewandten Blick.
Du schweigst nur und schießt irgendwo ins Leere.
Daneben tragen meine Wangen ihr Nachtkleid

und bluten still bis zum Morgen aus.

*Andreas Kley *1955*

Frieden

Ich habe heut Nacht den Atompilz geseh'n.
Im Traum. Dafür möchte ich danken.
Ich sah ihn im Fernen entsteh'n und vergeh'n.
Die Welt schien auf einmal zu wanken.

Dann kam eine Woge. Sie lief auf uns zu.
Es gab nicht das kleinste Entrinnen.
Die Alten, die Kinder und ich und auch du,
wir gingen zusammen von hinnen.

Im letzten Moment, den das Leben gewährt,
bevor sich die Lippen verfärben,
vernahm ich die Worte: Wer lebt durch das Schwert,
der werde durchs Schwert auch versterben.

Da wurde ich wach und es dämmerte schon.
Ich atmete tief in das Zimmer.
Beim Zwitschern der Vögel im fröhlichsten Ton
verblasste allmählich die Traumillusion.

Wie schön wäre Frieden für immer.

*Matthias Jentzsch *1962*

irgendwann

irgendwann vielleicht
werden palästinas kinder
ängstlich zum himmel blicken
und ihre mütter fragen
warum diese schwarzen düsenjäger
denn nicht donnern dort oben
und die mütter können lächeln
wenn sie antworten mein kind
das sind doch nur mauersegler
nur noch mauersegler

*Silvia Bergel *1958*

Leben lassen

Ich liege auf der grünen Wiese
und schau die bunten Vögel an.
Welch schönes Leben führen diese,
wie friedlich so ein Tier sein kann.

Warum, so frag ich mich verdrossen,
kann's nicht so bei uns Menschen sein,
da wird gestritten und erschossen
und jeder will der Reichste sein.

Wer gibt das Recht uns, zu vernichten,
aus Machtgier, Wut und üblem Neid,
und über viele Menschen richten,
entscheiden über Glück und Leid.

Die Welt mit ihrem ganzen Leben,
sie ist nicht unser Eigentum,
auch wenn wir stets nach Höh'rem streben,
nichts ist vergänglicher als Ruhm.

*Kerstin Allesch *1982*

Sommergedanke

Ich wäre gern der Sommer.
Ich legte mich nieder in den Städten
Und ließe den warmen Duft
der Sonne um die Häuser streifen.
Ich hüllte die Menschen ein in
gelbes Licht und brächte sie
dazu raus zu gehen – Feste zu
feiern – in den Gärten
Sie verließen ihre Häuser, die
grauen immer gleich bleibenden.

Ich wäre gern der Sommer
Ich legte mich nieder in den
Weiten des Landes. Ich brächte die
Natur zur Reife. Die Nächte, sie
wären weiche samtene Decken,
die ich über die Länder legte.
Die Diesigkeit erstreckte sich
kilometerweit - es bliebe auch bei
Regen warm.

Ich wäre gern der Sommer.
Ich legte mich nieder in den
vielen sterblichen Gebilden – der
Menschen Herzen

*Magdalena Ecker *1987*

Vor dem Morgen

Blumenreiche, frohe Felder
Laue Luft im Abenddunst
Hängt der süße Duft der Wälder,
am Himmelszelt, wie luftge Kunst.

Und die Bäche rauschen kühle,
sanft und lieblich, wie ein Traum.
So des Sommers hehre Schwüle,
hängt in unserem Lindenbaum.

Alles Sehnen, alles Streben
Stille säumt den Weltenrand
Wenn Vögel ihre Schwingen heben,
wir halten Federn in der Hand.

Und es lodert rot im Westen,
Erd' und Himmel, reines Gold.
Schmelzend, in des Tages Resten,
zu Mondenlicht, so rein und hold.

*Lars Weiser *1975*

Der Liebe Treue

Der Abend legt ein Tuch aufs Land,
dimmt sanft der Sonnen Helle,
und Nebel ziert des Waldes Rand,
zu dem ich einsamst schnelle.

Mich drängt es in die Finsterkeit,
verspür' die Hand, die deine.
Sie gibt mir ach so fest Geleit,
obgleich auch nur zum Scheine.

Sie weist mich blind durch's dichte Tann,
zu uns'res Baumes Orte,
das Herz gekerbt in dessen Stamm,
verbrämt durch Liebesworte.

An jenem Baume mach' ich Raste,
sollt' niemand mich erspür'n,
das Tau, ich knüpf' ans starre Aste,
wird just mich zu dir führ'n!

Die Schickung hat mir dich genommen,
dich Liebste, o mein Leben!
Der Schlingen festen Sitz vernommen,
stürz' ich mich dir entgeg'n.

Nun bin ich bei dir, Liebste mein,
kannst deine Hand mir reichen.
Im Leben und im Tode ... nein,
wollt' niemals von dir weichen!

*Stefanie Dominguez *1996*

Vereint

Hörst du das Rascheln
des Waldes?
Ein einsamer Strick,
da grüßet der Tod.

Siehst du die Blätter
im Winde?
Ein Ruf, ein Schrei,
komm zu mir, Liebste.

Die Zunge ganz matt,
die Seele ganz leer.
Alles gefroren,
alles erblasst.

Das Leben so einsam,
nichts, nimmermehr.
Hier ist es warm,
hier ist es hell.

Seite an Seite
mit meinem Geliebten.
Augen wie Höhlen,
nur das Herz schweigt nie.

Hörst du das Rascheln
des Waldes?
Zwei einsame Stricke,
da grüßet der Tod.

*Wolfgang Rinn *1936*

Am Ziel angekommen

Den Wald hast du
als letzte Ruhestätte auserwählt,
der Weg, er war vertraut
seit langem schon,
und wie es schien,
bist du erwartet worden.

Sehr leise dies dein Weggehn,
und es war,
als hättest du
die Einsamkeit gesucht,
um stehend an der Grenze
den letzten Schritt zu wagen.

So hast du Erdenschwere
und Gefangenschaft der Seele
mit Himmels Leichtigkeit vertauscht.

Auch wenn du uns zurückgelassen
ganz ohne Botschaft,
die wir sehr vermissen,
bist über uns hinausgewachsen du,
um jenen Ort
des Friedens aufzufinden,
dem deine tief verborgne
Sehnsucht hat
mehr und mehr gegolten.

*Michael Dahm *1967*

Verwehte Lieb'

Verwehte Lieb', Du süße Lust,
Du tötest noch nach Jahren,
verliebtes Weh in meiner Brust,
lässt dich so leicht bewahren.

Gemeißelt Bild in meinem Herz,
Du brachest seine Türe,
bemeißelt gilt ihm nur der Schmerz
und lindert sich durch Lyre.

Vergangenheit ist Dämon mir
und leuchtet aus der Ferne,
gefangen schreit mein Herz nach ihr,
durch kalte Häm' der Sterne ...

*Sarah Velasco-Sobeck *1992*

Er ohne Sie

Alleine sitzt er dort
verloren in seinen Gedanken.
Ohne Ausdruck im Gesicht
auf dem grauen Stuhl.

Kalt von der nicht vorhandenen Liebe,
ein ausdrucksloses Glänzen in seinen Augen,
die letzten warmen Tränen,
seine Gedanken sind bei ihr.

Man fand ihn Tage später
mit kaltem Herz und Körper.
Niemand sprach es aus
doch es war, als starb er

an gebrochenem Herzen.

*Sofie Fritz *1994*

Drei Farben

Die Wälder waren brombeerschwarz in dieser Nacht,
Vom Sichelmond die graue Wolkenmaskerade fahl.
Die letzte Glut des Sommers war entfacht,
Und brannte blutend rot im Dornenrankental.

Im Himmelbettgewirr der schwer behangnen Äste,
Grausam das Nadelbett von krallenden Zweigen,
Hingelegt zum rauschenden, furchtlosen Feste
Verbrannten wir im besten unsrer Schweigen.

Drei Farben malten unser letztes schönes Bild
Auf Haut, so gleißend wie ein Splitter aus dem Mond.
Kaum Menschen mehr, so dunkel und so wild,
Für alle Müh mit allem Schmerz belohnt.

Blut, Erde, Brombeersaft.

*Niklas Holzapfel *1989*

Der alte Maler

Keine Beachtung,
Missverstanden und verkannt.
Farblose Hände.

Das Leben, ein Spiel
aus Liebe, Hoffnung und Geld.
Eines fehlte stets ...

Die wahre Liebe,
ein letzter Blick, ein Abschied.
Erinnerungen?

Wartend auf dem Moment,
in dem die Stille der
neue Zufluchtsort wird.

Zwei blinde Augen.
Die Welt, sie wirkt so dunkel ...
Die Hände, Kirschrot.

*Christiane Jung *1962*

„Ist das Grün, zu grün?“

Grün ist die Hoffnung,
glaubte ich eben, und machte mir Sorgen...
-ob die Wand auch umstürzen kann,
und auf mich fällt, mich einzugraben...
Steinwände sind nicht mein Schatten,
den ich halten muss...

Als wir für einen Blick nur,
alles abstützen wollten,
und die Tür zum Notausgang erklärten,
und umgebaut wurde-
...da betrat ich durch einen Traum,
einen anderen Raum
und baute mit Liebe,
ganze Wände um,
und zu allem Überfluss, strich ich sie -
grün !

Weil es so schön, wie im Traum sein könnte
und ein dickes,
glückliches „Grün“ sein muss!
Und dann, glaube mal,
dass da nur Liebe drin steckt!

Wie ist das Grün, zu grün?
Schreib' mal, ja?
Jetzt kannst du noch sagen:
„Ich kann im Schatten, einer grünen Wand, nicht schlafen.“

*Andrea Knape *1968*

Komm

Ich schließe die Fenster
Und alle Türen
Und schalte das Telefon ab
Dann wandere ich
durch die Stunden
vom Tag und von der Nacht
zeichne den Raum
Die Wände sind ganz dick
und brauchen viel, viel Zeit
Dann male ich Bücher
und Ecken und Musik
und Bett und Stuhl
und eine Blume
und viele kleine Herzen
überall in diesen Raum
Dann warte ich
und hoffe und träume

*Ines Burkhardt *1990*

Kalenderblatt

Am Anfang war ein scheuer Kuss
Ein kleiner Augenblick
zwischen Wien und Berge übernahm

Doch reiß ich das Kalenderblatt
sehe ich ein Lachen fallen
zwischen Seiten tief versteckt
und eine kleine Orchidee

Träume wachsen, stiegen gingen
Eng verbunden, oft getrennt
ganz verwirrend, einfach, ziellos
Bist zum Schlüssel in der Hand

Doch reiß ich das Kalenderblatt
kann ich Tränen rinnen sehen
Aus Freude, Wut, Verbitterung
Die zwischen all den Seiten klebte
Ein leerer Rahmen an der Wand

Ein Moment am Andren reiht
Zahllos, haltlos, wunderschön
ein kurzer Augenblick im Kopf
Zart gehalten
weggeschlossen

Doch reiß ich das Kalenderblatt
weiße Seiten, keine Schätze
Ein Anfang schwer, doch makellos
Stunde Null.

*Vincent Reimann *1998*

Schatten

Kalter Wind über karge Landschaft.
Vergraben – alles Gute das jemals existierte.
Nur noch ein Schatten dessen.

*Horst Decker *1947*

NS/IS

Nackt durch die Nacht –
ihr blauweißes Kleid
längst ins Lager gebracht,
für die nächste bereit.
Nicht weit zu gehen
im eisigen Wind,
das Ziel ist zu sehen,
doch die Angst macht sie blind.
Gestoßen, getreten,
mit Schlägen traktiert,
beginnt sie zu beten,
dass nicht das passiert,
von dem sie doch weiß,
dass es sicher geschieht,
sie singt für sich leis –
ein tröstendes Lied.
Sie spürt, wie die Kraft
ihre Glieder verlässt,
wie ihr Körper erschlafft
auf dem Weg zum Podest.
Vergeblich erhofft sie
die Absolution,
doch niemand verzieh
ihr – die Religion.

*Jürgen R. von Gernler *1955*

Wahnsinn

Menschen nur für kurz auf Erden,
sollten friedlich, glücklich leben,
andern Menschen Hoffnung geben,
dass die Bande stärker werden.

Menschen töten, führen Kriege,
um der geilen Geldesgier,
auf dem Haupte falsche Zier,
jubeln trunken ob der Siege.

Menschen oft total verblendet,
Glaubenswahnsinn, Terrorakt,
das Gewissen völlig nackt,
foltern bis das Leben endet.

Menschen ohne Toleranz,
mit viel Dummheit, Ignoranz,
Geltungssucht und Arroganz –
tanzen ihren Totentanz.

Menschen nur für kurz auf Erden,
sollten friedlich, glücklich leben,
andern Menschen Hoffnung geben,
endlich mal vernünftig werden.

*Roswitha Charlotte Schwenk *1943*

Genozid

schwer wie der Mantel des Schweigens
ruht die schlaflose Nacht
auf den bleiernen Lidern
wenn das Eis bricht
werden die Stummen schreien
und ihre Worte wie
flammende Zungen die Erde umkreisen

leicht wird das Wort gebrochen
das tausend Tode starb
sein Herz wird ewig pochen
das die Freiheit gebar

Lyrischer Lorbeer in Silber

*Barbara Gregor *1951*

Ich sehe uns noch Schneerosen pflücken
im Schattengesträuch bei den Todeslichtern
dort verbrennen die schönen Kleider der Falter

mit gläsernen Fingern setzen wir Zeichen
in die Nacht bis unsere Hände sich
entfremdet in der Welt verstreuen

Wir verlieren mehr als Namen und Gesicht

Längst wölben sich Narbengebirge über die
Zäune der Zeit doch die abgelegten Mäntel
der Zeugnisse wärmen nicht niemandes Kind

Erst die dritte Generation fragt
nach Namen, Gesichtern, nach Leben

Und du?

*Ralf Hilbert *1963*

Weniges

Beim Gang
in den Grund - ich
habe nur ein Wort:
Abend, und du
redest immer
vom Anfang.

Im Grund,
splitterndes Holz,
und ich stehe
am Weg,
Wickel von Stroh und
unter den Sohlen
Dunkel und auch
in den Taschen:
Spät.

Dämmernd Haar,
letzte Hand.

Ende Februar immer,
etwas Harsch, etwas Kohle,
ein Strunk, und
ich sage: Gestern...und du.

*Dirk Schwann *1964*

Trauerrot- Habt ihr noch Fragen?

Buchenwald Besuchsgedicht

Wo abgegründete Brutalität
Schamesröte ewigte,
des netten Nachbarn Vorteil
eisenharter Schicksalsriegel,
Angstgleis, Leidestrudel war,

Blut und Boden einander
herzumgangen banden wie
Nation und Sozialismus,
-den Andern- würdefeind,
Selbstasche
kein Tabu...,

Als, doch Kindeskind,
ein schmerzender Rohstoff,
dem Investment keinen Lohn versprach,
her- und hingeraubt.

So zukunftsleise
ist hier dauernd
Tränensein,
als Unmensch Vorbildfreunde
mitverschoben.

Doch, wenn Du jetzt gehst,
sind wir
schon freigeliebt...

*Hans-Walter Voigt *1953*

Unter dunkler Zeder

Rotes Stirnband, Perlen, Leder,
irgendwo im Park,
träumend unter dunkler Zeder,
was wohl kommen mag:

Busse fahren über Straßen
fern am Himmelszelt.
Firmament steht schon in Flammen,
und gleich brennt die halbe Welt.

Sommersprossige Gesichter,
sittsam vor der Tafelwand.
Bellum gallicum: Das Schweigen –
bang, bis man die Worte fand.

Schnell den Pimpfen die Zensuren
und dem Kleingeist Stock und
Schopf.
Bald schon ruhmreiche Blessuren ...
... und der Splitter steckt im Kopf.

Weite Räume, tief, galaktisch.
Infernalisches, entfacht,
und des Nero Feuersänge
sengen nicht nur Rom bei Nacht.

Senke die versengten Fahnen,
werfe du den ersten Stein
auf das Glashaus deiner Ahnen,
Gott, verdammt, misch dich jetzt ein!

Menschen, Straßen, Himmelszelt ...
Kosmos, Flammen, Brand der Welt!

Träumend unter dunkler Zeder
fließt der Traum mir von der Feder ...

*Katharina Kellig *1986*

Taubstumme Wahrheit

Ausgesprochen, angeschrieben.
Ausgetragen und kopiert.
In Gesichter reingeschrien.
Totgehört – nichts kapiert.
– – –
Mit blutendem Ohr und
Maulkorb vorm Mund,
die Hände in Ketten,
Herz, Seele wund –

Mit Augenbinde und
höllischem Durst –
So stirbt das Wort,
das Wahrheit ist.
– – –
Linksgewendet. Umgedreht.
Ausgewaschen und gebleicht.
Modifiziert, umgeschrieben.
Totgeschwiegen – ist doch leicht.

*Friederike Masawd *1952*

Die Erde

Die Erde dreht sich
rundherum und sucht
was sie bis jetzt
nicht finden konnte.
Die Menschen können viel
warum das eine nicht?
Kann es sein – das
das Wort Frieden
für viele ein Fremdwort ist?
Die Erde dreht sich – sieht
es strahlt der Hass
der Frieden ist weit weg
auch dieses Jahr.

*Friederike Schweighöfer-Kluge *1956*

september 2001

manchmal träume ich davon
mit dir
ein glas rotwein trinkend
auf der terrasse zu sitzen
und die welt zu diskutieren
uns der illusion hingebend
wir könnten sie
für die dauer eines
augenaufschlags
verbessern

*Gisela Baudy *1955*

Septembertage

Blauwarme Septembertage.
Geborgenheit draußen

Und immer noch
Keine Wurzeln
Am Wort.

*Frauke Reinhardt *1975*

nachMittag

spät lichtet sich der Nebel
für die letzten Stunden Gold
die warme Sonnenhand legt sich kurz
auf meinen kalten Rücken
das Hemd getränkt in Schweiß
schwer zieht der Rechen
Splitterrillen in den krustigen Sand
ein letzter Schnitt liegt auf der Wiese nebenan
ich rieche Kindheit und
muss weinen

*Karin Büchel *1959*

Leben

zartes surren bunter Käfer
unter Laub versteckt im Dreck
leises flattern, Flügelschlagen
Meisen hier, ein Blick und weg
Leben oft so winzig klein
filigran, mehr Schein als Sein
Leben als ein Karussell
fang es ein, es dreht sich schnell
schneller als ein Blatt im Wind
sich kann drehn, es fliegt geschwind

*Gregor Graf *1935*

Herbst

So golden warm noch die Sonne
Gelbgrün mit Karmin der Ahorn
Wespen und Pflaumenkuchen
Mirabellen verführen süß
Grillen zirpen noch träumen Sommer
Reben lassen letzte Beeren den Staren
Äpfel im Gras weiß braun verschimmelt
Tautropfen gefangen im Spinnennetz
Spatzen tschilpen in kahlen Hecken
Krähen in frischen Ackerfurchen
Vom Sturm zerfetzte Vogelscheuchen
Schiffshorn aus dichtem Nebel
Tagetes welk auf Grabhügeln
Herbstgesicht im Brunnen tief
Lass gehen den Sommer adieu

*Darko Erletic *1966*

Fallende Blätter

Gestern noch,
meine Liebste, dort
wo die Liebe wohnt
liefen wir in den Straßen umher
Rue du Sel,
Rue du Javelot …
Dein warmes Herz
wärmte meines
und deine Hände
mit der Zärtlichkeit
des fallenden Blattes
flatterten in meine hinein ...

*Hans-Hermann Mahnken *1955*

Herbstelegie

In das Grün des Weidenbaumes,
mächtig und Schatten spendend
in den hellen, warmen Tagen,
mischen sich die Farben des Herbstes
und verkünden das endgültige Ende des Sommers:
Ein prächtiges, kurzes Maskenspiel,
noch einmal verdeckend
die knarrenden Knochen des Winters,
bevor die Winde wieder wehen.

*Silvia Friedrich *1955*

Herbst

Die Birnen fallen, die Äpfel auch,
das ist seit alters her so Brauch,
wenn Bauer Herbst das Land bereist.

Er peitscht sein Pferd, das Wind genannt,
und hat die Wärme weggebannt,
er freut sich, wenn der See vereist.

Lässt Meereswogen höher ragen
und Regen aus den Wolken schlagen
und meistens mitten ins Gesicht.

Die Stürme hebeln Tür und Tor
und rütteln Bäum' wie nie zuvor
den Meister aber stört das nicht.

Wir lieben ihn trotz alledem
und machen's uns zuhaus' bequem
die Stube schützt vor Kälte sehr.

Da fliegen Blätter durch das Land
und Igel suchen Unterstand,
aufhalten kann ihn keiner mehr

*Erika Beha *1946*

Blätterträume

Ein Blatt im Wind dreht, wendet sich
unschlüssig – begeb' ich nun auf Reisen mich?
Es hat geträumt vom Fliegen,
am Ast kann's sich nur wiegen.

Ein jedes Blatt ist schnell dabei,
keines will sich begnügen.
Sie sehnen nur den Wind herbei,
dann rein in das Vergnügen.

Sie wirbeln hoch, der Tanz beginnt.
Danke, Herr Wind.
Empfinden große Wonne,
hinauf bis zu der Sonne.

Kurz nur währt der Freude Staunen,
denn der Wind hat seine Launen.
Eben noch recht hochgestoben,
segelt zum Schlafen in Wolkenbooten.

Blatt für Blatt zur Erde sinkt hernieder,
kurz war'n des Traumes Jubellieder.

*Lars Karasek *1993*

Herbst

Der Sonne Schein umspielt das Blattwerk,
schiebt sich durch den Farbentraum.
Ich schau nach draußen und bemerk
Blätterfall an jedem Baum.
Kastanienduft liegt in der Luft,
Ahornkraut den Weg benetzt,
in meinem Innern eine Kluft,
Natur hat mich noch nie versetzt.
Ob braun, ob rot, ob gelb, ob grün,
Blattanstriche sich bemühen,
in die Gärten mich zu ziehen.
Aus dem Alltagstrott entfliehen?
Dann wird ich in die Freiheit gehen
und Blätterregenwälder sehen.

*Bettina Leonie Engelhardt *1973*

Entgrenzt

Lass' Dich
ein Blatt im Wind
verwehen
im rosa ausgegoss'nen Morgensaum
Lass' Dir im Flügelschlag
schwarz beglänzter Krähen
ein Wolkenweltenreich erbau'n

Lass' in der schattenkalten Kammernot
Dir einer Kerze Sonne brennen
Wenn Dich der Bilder Sturm hinflutet
Lass' Dich ein Wort nur nennen
in das Dein Selbst verblutet
rosenblütenpurpurrot

Dann rinnt
in leichenweißem Nebelrauch
des Leibes Sandessenz
Dir flüchtig aus
den Fingerspitzen

... da Du zerstiebst
ein Funkenregenfeuerwerk
aufgelöst
in Lichtmeerstaub
zu abertausend Phosphorblitzen

*Verena Kaul *1959*

Herbst

Alles sagt mir Abschied:

Still mit dem Herbstwind
weht das Wort
vergessene Träume sammeln sich
in welken Bäumen
fliegen weit
in unbekannte Ferne
und in den Gärten
gaukeln sanft
Erinnerungen
werden gold.

In meinem Tag erlischt das Licht
die weißen Nebel legen sich-
lang währt der Abend ohne dich
und dunkle Wege führen fort.

*Uschi Hammes *1962*

Herbstnacht

Da sind sie wieder
Die alten Geister und Dämonen

Vorbei das Lachen bunter Sträuße
In Fensterrahmen dekoriert

Zu schnell verging das Jahr des Lichts
Die Dunkelheit – sie nimmt sich Zeit
Und zäh zieht Nebel durchs Geäst

So kahl wie nie stehn schwarze Bäume
So kalt war sie noch nie die Nacht

Von fern der Turmuhrschlag auf eins

Die Stille lässt Gedanken tönen
Wie Schreie nicht erhörter Seelen.

*Lars Keller *1970*

Verwehen

Entrissen, gelöst von Zweigen getrennt.
Blätter verwehen, vom Sturm weggetragen.
Hinterlassen Spuren weit im Land.

Szenen gezeichnet im Wasser vom Wind.
Rau peitschende Wogen, aufschäumende Gischt.
Verschwommene Stillleben einst gespiegelte See.

Licht des Tages grau umschlungen.
Schatten geworfen finstere Zeit.
Dunkel vorgedrungen frühe Nacht.

Verwandeltes Aussehen, gekommenes Vergehen,
Stimmungen geändert, Farben verblasst.
Herbstzeiten kommen, verwehen.

*Dietmar Spitzner *1950*

November

Zerfällt eine Stadt
im Wolkenhaufen
bleiben die Leute zu Haus

und nesteln bald
weil Graustalten
ducken die Häuschen

vor Fenstern triefend
wie Hunde sich schütteln
fällt ihr Gewicht

von Waagen und Dächern
verkommen in Straßen
Schleier und Klagen im Siel

*Thomas Renners *1959*

Viel zu viel Empfindsamkeit

Den letzten Freund
in die Flucht geschlagen.
Irgendwann schwinden die Felsen,
doch die Brandungen bleiben
wie das Rülpsen der Besserwisser.
Der rauschende Herbstregen
und die immergleichen Stücke.
Alles nur Staffage.

Das glückliche Wort
über die Lippen gebracht
in den Ohren liegend.
Balsam für die Vernunft.

Vom Schweigen ist die Rede
und wie lautlos das alles ist.
Von vorläufigen Wänden
und müßigen Tagen.
Darbender, klebriger Status.

*Werner Pelzer *1959*

Novemberblues

Die Bäume leer
kein Chor im
Abendgrau. Wir haben
die letzten Pastinaken
aus dem Lehm
gewühlt, die Kürbisfratzen
gelöscht. Noch im Ohr:
Laternengesänge
vom reichen Mann
der hier wohnt, der
wartet auf Schnee
schon zu Jason
versprochen.

*Irena Habalik *1955*

Novemberpark

Bänke einsam wie die Menschen bei E. Hopper

Nebel hat wieder Saison grinst zufrieden
die Wege sind frei
keine geschwollenen Zweige
die nach deinen Schläfen Ärmeln greifen

Geduld liegt in der Luft
Eine Schaukel bringt sich selbst in Schwung
ergattert entflohene Laute
und summt
und dieses Wispern von den Fernecken her
durch kein Zeichen unterbrochen

Bald wird der Park verschenkt
an die Winterstürme die Klagen der Krähen
du wirst ihm den Rücken kehren

November ein ehrlicher Monat
da berühren dich keine Sonnenstrahlen die
hinter dir
über die Blechrinnen stürzen

Eine Annonce in der Lokalzeitung
Der Park bittet ihn nicht allein zu lassen

*Stephan Gora *1956*

Ma tristesse

Sonnenschein im Park, Nebel hüllt in Grau
ma tristesse? Ma tristesse!

Frühling schwelgt Leben, Herbstblatt zeugt von Tod,
ma tristesse, gib mich frei!

Töne klingen Lust, dumpfer Widerhall,
ma tristesse, hörst du nichts?

Plaudern-lachen-Flirt, unberührt und stumm,
ma tristesse, lass mich los!

Hand in Hand das Paar, einsam auf der Bank,
ma tristesse tröstet nicht.

Leben fließt vorbei, schweigend, starr und schwer
belastet ma tristesse.

*Peter Salzmann *1942*

Herbstnebel

Bedrückend diese grau verhangenen Tage.
Bunte Blätter wehren sich der Plage
welken Laubs. Dem Baum kein Trost.
Schon mahnt der erste Morgenfrost.
Ein kleiner Schritt, ein Seufzer nur,
bis hin zum Sterben der Natur.
Und alles ist der Schöpfung Wille!
Dann bringen Eis und Schnee die Stille...
Bis winzig kleine Knospen an den Zweigen
der Welt die Auferstehung zeigen.

*Arnd Herrmann *1960*

Der Zug der Kraniche

Weht der Wind von Norden her,
hält sie nichts und niemand mehr.
Unter schwellendem Trompeten
dehnen sie sich wie Athleten,
stelzen, springen hoch und neigen
Hals und Glieder wie im Reigen,
schlagen emsig mit den Flügeln,
die sich im Gewässer spiegeln,
um beim ersten Strahl der Sonne
in geschlossener Kolonne
von dem Felde abzuheben
und zum Licht empor zu streben.

Mit ästhetischer Gebärde
lösen sie sich von der Erde
bis hinauf zum Firmament,
ihrem wahren Element.
Droben bilden sie synchron
eine feste Formation,
lassen sich mit Wohlbehagen
von der Strömung vorwärts tragen
und vollführen die perfekte,
luftgemäße, lang gestreckte,
elegante Körperpose
auf dem Flug ins Grenzenlose.

Jedes Jahr im Spätherbst blicken
wir mit staunendem Entzücken
ihnen nach, wie sie in Zügen
durch den blauen Äther fliegen,
majestätisch-virtuos
und beinahe schwerelos.
Dass sie uns so faszinieren
und zum Träumen animieren,
wundert nicht. Denn solche Szenen
wecken auch in uns ein Sehnen
nach dem fessellosen Schweben
und dem wilden, freien Leben.

Schon in der Antike blühten
die Legenden und die Mythen
um die edlen Vögel. Sie
galten der Astrologie
als die Boten reinen Glücks
und Symbole des Geschicks.
Und noch heute, stets aufs Neue,
werden sie als Bild der Treue
und der Freiheit hoch geschätzt:
Könnten wir doch hier und jetzt,
statt den Zwängen zu erliegen,
so wie sie zur Sonne fliegen ...

*Wilhelm Rager *1941*

Im Norden wir hier

im Norden wir
hier, in der Sommerhelle,
im Winterdunkel, die Vögel
spüren's und kommen und gehen:
du aber zeichnest es auf:

nach dem
Schreiben gehst du hinaus
in den Garten, wässerst die
Pflanzen und erntest die schwarz-
blaue Süße der Felsenbirne, Sommer-
erinnerung für den Winter-
toast, Marmelade, aus der
Mitte des Leuchtens:

was ihre Stimmen mit ihrem Vogel-
leben zu tun haben, fragst du
manchmal den Zilpzalp oder die
Amsel:

*Karin Beier *1950*

Fernweh

Ich lege meinen Mantel um euch,
weit um mich herum der Faltenwurf,
bis über Ländergrenzen.
Er wärmt euch
in diesen Novembernächten.
Es lächeln die Kinder
und Enkel tanzen ihre Träume.
In den kalten Tagen wärmt
ein Stück von mir im scharfen Gegenwind.

*Norbert Mieck *1936*

Der Herbst meiner Jahre

In der Blüte der Jahre vergaß ich
das karge Brot meiner Kindheit,
die Flucht und den Barfußgang in die Schule,
den Spott und die Scham

und die Gewalt des Vaters.

Jetzt aber legt die dünne Altershaut
die Schatten meiner Kinderjahre wieder frei,
auch wenn die Bäume ruhig atmen
und der Takt der Nacht melodisch klingt.
Aus Freudschen Tiefen steigen die Gespenster
die Leiter meiner Narben wieder hoch.
Sie kratzen am Schorf, sie dringen ins Blut,
und sie drohen mit Stock und Skalpell.

Doch manchmal bäume ich mich auf
und reiße den Vorhang vom Traum.
Dann liege ich wach und frage
und frage und weiß nicht: Warum?

Vor meinem Haus die Harlekinweide
holt mich zurück in den Morgen
mit ihrem clownesken Charme.
Und der buntlaubige Eschenahorn
entfaltet sich stolz und zeigt mir,
wie viel Versprechen noch da ist
bis weit in den Herbst meiner Jahre,
wenn der Raureif schon glitzert
und die Novemberrose noch blüht.

*Oliver von Flotow *1950*

du

du, tochter, hattest die kraft,
mit liebevoller klugheit
meinen starrsinn zu brechen,
mich zu lösen aus dem panzer
von härte, unfähigkeit und erbe.
Du, tochter, hast mir frieden geschenkt
nach verlorenen jahren
in hass, verletzung und schmerz.

Du, sohn, hast gelitten wie ich,
hast mich und das unrecht verflucht
und deine sturheit gepflegt,
warst gefesselt wie ich in den ketten
von genen, unvermögen und stolz.
Du, sohn, hast mich bewahrt
vor einem ende
in verstrickung, trauer und streit.

Wir, bruder, haben uns bekämpft
und sind in schlachten gezogen,
die wir nur verlieren konnten.
Ich wollte dich nie wieder sehen.
Welch glück, dass du gekommen bist.
Leb wohl.

Du, mutter, warst der anfang.
Warum war ich gelähmt
bis kurz vor dem tod?

*Peter Thomas *1952*

Schatten der Nacht

hinter der treppe ...
ohne gesicht
saß er in der
kühle des abends
wartend alleine
im anzug

schattenrisse
aus papier
und noch edel
liegen verteilt
im tau des lebens

dunkel,
die schlucht
aus angst
sitzt im nacken
wo rosen vor jahren
noch schmerzten
so die mutter ruft ...

blüten in
traurigen köpfen
liegen erloschen
im schatten der nacht

*Rudolf Kraus *1961*

ostwärts

wenn sie alt werden
die dichter
wendet sich ihr blick
gegen osten
wie wenn
dort
die vergangenheit
zu hause wär
oder
eine ausgestorbene rabenart
väterchen frost und
vielleicht
sogar der tod

*Christoph-Maria Liegener *1954*

Vollmond

Wer will nicht mit den Wölfen heulen,
wenn sacht das Herz des Menschen weint
und Schatten rings die Erde fäulen,
weil über ihr der Vollmond scheint.

Wie silbrig schimmern wir und falb!
Wir sehen dieses Spiel mit Bangen.
Es ist, als seien wir schon halb
aus unsrer Welt hinausgegangen.

Die andre Welt, sie zieht uns an,
im Diesseits hält uns nur die Sorge,
dass jene Macht sich irgendwann
das Tiefste unsrer Seele borge.

*Jan Stechpalm *1966*

Ode an den Mond

Wenn eine andere glanzvoll prahlt
Und Dich des Tages überstrahlt
Tust Du dafür in dunklen Zeiten
Die Kraft des Lichtes weiterleiten.

Dir folgen selbst die tiefsten Meere
Im Banne Deiner sanften Schwere.
Durch Dich wird unsere bunte Welt
In kühles Silber nachts gestellt.

Du ziehst bescheiden und ganz leise
Um unsere laute Welt stets Kreise.
Im dunklen Wald bist Du uns Lichtung
Gibst Du uns Halt und gibst uns Richtung.

Auf Sonnenseiten unseres Lebens
Da sucht man meistens Dich vergebens.
Doch für die Schatten dieser Welt
Bist Du der Trost, bist Du der Held.

*Sonja Penner *1953*

Harmonie

Schwebt Eos Röte schleiergleich
Verwandelnd durch die Eiche
Erschauern tausend Hände fahl
Gefärbt mit Altersflecken
Sie zittern in Erwartung leis
Zu fallen um zu bergen
Das neue Leben schlummernd sanft
In ahnungslosen Tiefen.

*Beate Bonifer *1964*

fehlfarben

draußen im spätherbst
das vergebliche färben
der schicksalsgewänder
tage ufern am styx
abgegriffen kapillarenübersät
im fluss ein bunter faden fehlfarben
noch hast du kraft
streichst tauben blau
fische grün käfer rot
wer überlebt zeigt sich morgen
der blick zur abendtür
im rahmen lehnt charon
mahnt müde zum heimweg
dämmerung rudert
auf nachtblauen säulen
der tag nur noch
ein vergilbtes stück stoff
auf der schwelle dein vorgeschobener fuß
der weg gepflastert mit
blauen tauben grünen fischen roten käfern
dein schattengewand in fehlfarben
das bleiche mondlicht
nur bleich
nur bleich
und sonst nichts

*Cornelius Zimmermann *1945*

endgültig

er rudert, rudert über den dunkelen
see. Langsam mit den flügeln, die
einst der engel verlor, streicht er
die wasser, die trägen, auf die
der mond seine müden tränen weint.

Feuchtes laub ihre augen. Auch der
silberne mantel schützt sie nicht
mehr vor dem blick in die weit
geöffneten kelche der schwarzen
tulpen.

Vergeblich streckt, vergeblich
die erle ihre hölzernen hände, das
bleiche kleid zu fassen, das
bleiche kleid, bevor es sich in die
leere verströmt – endgültig.

*Johannes Wolf *1990*

Meine Rinde bricht zur zweiten Geburt

Meine unkrautbewachsene Rinde, die am schwachen Arm aufgebrochen ist,
nimmt Farben der umhergehenden Bäume aller weltumgebenden Wälder an
und lässt mich reihergleich eintauchen, verschwinden in holzigen Ozeanen,

So unauffindbar wie ein flammenloser Stern am wolkensuppenden Himmel,
lebe ich unter meiner sandrauen Rinde, unberührt von all den Fingerspitzen,
bin ich von Geburt an ein eingekerkerter Geist, wie ein rollender Kieselstein.

Meine glasglattscheinende Rinde, vom Holzwurm und Specht durchlöchert,
wird nicht ewig meinen windigen Geist unter den Mantel zwängen können,
der mich an die krebskrustige Erde bindet, seit dem Gebrüll meiner Geburt.

So spreizt sich mein Geist langbeinig, dehnt sich die Rinde Qualen jaulend,
bis die käferbefallene Rinde aufreißt und das nackte Holz ans Licht kommt,
die Rauchnester meines Geistes entweichen, eines Menschen zweite Geburt

Lässt das Gewässer des Lebens gerinnen, den Wind meines Geistes stocken
und meine Welt zu der verfestigen Gestalt der verfallenen Träume werden,
die ich seit der ersten Geburt begehre, nach der Zweiten erst zu leben wage.

*Pascal Cziborra *1981*

schweigen im walde

nur baumstammeln
hinter der hirnrinde
stimmenwimmern
in windwipfeln.
seltsames schweigen
nur mein specht stott
ottert gestundete zeit
in jahresringen ab
gestumpft schweigen wir
verwurzelt in der stille
fällen morsche formen
und reden ein sterbens

Wort.

*Hermann Knehr *1944*

Letzter Gang

Gib deine Hand, wir wollen jetzt
den letzten Gang gemeinsam gehen,
das Leben war uns bis zuletzt
ein Kampf, den wir zu überstehen

wussten; nun ist es ganz leicht
den kleinen Schritt bewusst zu tun,
wir haben doch das Ziel erreicht,
das wir uns einmal setzten. Nun

beginnt für uns ein neuer Tag,
wir werden anders, freier sein,
nichts ist mehr hässlich, nichts gemein,

nichts was uns fesselt oder klein
macht, wir sind jetzt nicht mehr allein,
was immer auch geschehen mag.

*Sabine Kokoreff *1961*

Spuren

... und wenn ich geh

eines Tages
um zu verlassen, die
die mich vermissen werden

sind geblieben
unsichtbare Spuren
gelebter Erinnerung.

*Thomas Rahe *1969*

Silberblauer Tag

Des Alten
Lebens Geister fliehen
vor der neuen, kalten Zeit –
vielmehr, sie schleichen
ihr entgegen.

Restwarme Erinnerungen,
kunterbunte Sommertagsbilder,
nur etwas ausgeblichen,
treiben davon, dahin,
wo nichts mehr ist.

Vom lichtblau tosenden Wellenmeer
der mutigen Träume und
Erwartungen
verblieb ein unfarbener Tümpel
am Ende, nebelverhangen
und seltsam still.

Und nun, des Abschieds gewiss,
halb schon fort, halb noch hier,
erkennen Augen, Herz,
beinahe ungewollt,
noch einmal
mit letzten
Sinnes
Kraft
das Enkelkind –
vorsichtig lächelnd.

*Maike Sattler *1986*

So voller Hoffnung spiegelt Welt,
das Licht, dass dir die Nacht erhellt.
Das Urteil doch seit je gefällt,
der Wahrheit Stunde eingestellt.

Dein Lachen über Zeit und Raum,
vergangen, still – man glaubt es kaum.
So vieler Tage Abend doch,
zu früh gelobt, was bleibt uns noch?

Der Abschied drängt sich mutig auf,
so ist das doch des Lebens Lauf.
Doch sprich noch einmal, komm zurück,
mein Held, du warst und bist das Glück.

So wie sich in dir krankhaft mehrt,
was Liebe zu dir nicht verkehrt,
sind wir dir doch das Leben lang
so treu wie nur das Ying dem Yang.

Dein Kampf - - - gekämpft - - -

So schlaf voll Glück und friedlich ein,
vergehst doch nicht – wirst immer sein!
Du weißt, wer du uns warst und bist.
So hör mir zu, du wirst vermisst!

*Kerstin Fischer *1965*

Am Grab

Die Zeichen der Zeit sind stumm geschrieben
teilen sich mit im Hier und Jetzt
vergeben dem Gestern was zu vergeben ist
vergeben was fortläuft zum Anfang des Ahornbaumes auf dem Grab
Der Bodendecker müht sich alles zu überwuchern mit sattem grünen Blatt
inmitten der Rosenstock welk als wüsste er es besser
Alles sehnt sich nach Wasser der klaren Flut
auch der weiße Stein aus dem Maggiatal
dort kommt er her wo das Kind Salamander jagte
sie verschwanden in der dunklen Felsspalte und verharrten
noch ehe es sie erwischte
nun wird der Stein begossen damit die Inschrift herausstrahlt
Das Wasser traut sich über die Buchstaben hinweg als wollte es sie heilen

*Andrea Schaufelberger *1963*

Himmelstanz

Getragen vom Winde, den Wolken ganz nah
Den Sternen am Himmel ins Auge ich sah
Beschützt und behütet im Lichte der Zeit
Aus allen Fängen der Dunkelheit befreit
Geküsst und geliebt, gehalten von einer Engelshand
Reise ich durch die Sterne, in ein mir fremdes Land
Die Augen geschlossen, der Wärme entgegen
Lass leise rote Rosen regnen
Habe getanzt und gelacht im Sternenmeer
Mein Herz voller Liebe, die Gedanken so leer
Schwebe ganz leise durchs Himmelszelt
Ade du meine Zeit, ade du meine Welt.....

*Lydia Teuscher *1963*

Gestern

Gestern ist wie heute
Doch liegt es weit zurück
Morgen schon vergangen
Wie ein Augenblick

Gepflegt und auch gehegt
Wurdest sehr geliebt
Gehalten und gestreichelt
In den Schlaf gewiegt

Opfer und Verzicht
Wurden dir gebracht
Gespielt und auch beschützt
Viel mit dir gelacht

Die Wünsche und Gedanken
Veränderung entsteht
Die Ansicht und die Meinung
Weit auseinander geht

Vergangenheit so schnell
Die Zeit bleibt niemals stehen
Der eigene Sinn erwacht
So einfach ist zu gehen

Stur und unversöhnlich
Gebrochen hast den Stab
Tränen in den Augen
Geblieben nur ein Grab

*Gisela Happekotte *1963*

Wenn ich gestorben bin

Wenn ich gestorben bin,
Wer wird es sein,
Der um mich weint?

Wenn ich verschlossenen Auges
In die Ferne sehe
Und ihr, die ihr zurückbleibt,
Nicht wisst was ich empfinde
Oder gar – was Ihr empfinden sollt...

Wenn...
Wenn diese Hürde übersprungen wurde
Vom Lebendigen zum Toten,
Vom Sein zum Nicht-Sein,
Und ich – den Körper verlassend
Unfassbar werde...

Wenn dann
Tausend Fragen euch
In Unsicherheit wiegen
Und es ein Leben braucht
Um Antwort zu finden...

Wer wird dann Sein
Und um mich weinen?

*Elija J. Maus *1993*

Sehnsucht nach der Ferne

Der Herbst kommt wieder, grau und kalt
Der Sommer zieht, das Jahr wird alt
Die bunten Blätter fallen schon
Kein Vogel übt mehr seinen Ton

Das Licht wird trüb, der Tag vergeht
Vom hohen Norden Kälte weht
So geht die Wärme, kommt die Nacht
Des Sommers Blüte wird verlacht

Wenn Nebel aus den Weihern steigt
Voll Trübsal seine Schleier treibt
Die Welt verhüllend weiterzieht
Der Mond in weite Ferne flieht

Der Sterne Glänzen in der Nacht
Durch Nebelschwaden unversehrt
Die Sehnsucht in mir neu entfacht
Dem Herzen jede Furcht verwehrt

Und wenn die Kälte nicht vergeht
Und Regen fließt in einem fort
Manch fremdes Land im Schatten steht
Dann hält mich nichts an diesem Ort

*Bilk van Willich *1959*

Wind

Der Wind weht
durch meine Worte
und beugt das Schilf
in den Auen.

Er weht über die Wettern
und verfängt sich
in der Brack,
wo er Wellen träge
an das Ufer schlagen lässt.

Er erhebt sich wieder
und weht
über mein Grab,
wo er meine Asche aufwirbelt
und die Partikel
im Sonnenlicht erstrahlen.

*Josef Schenk *1964*

Kein Liebesgeflüster

Die Welt
dreht sich weiter
und weiter
Auch die Sehnsucht
und die Träume
drehen sich

Und selbst die Toten
drehen sich
noch eine Zeitlang

Das Geräusch
das du hörst
ist vom Ausmerzen
der Trauer.

*Karl Petermann *1944*

Tage der Besinnung

Düstre Tage, feuchte Luft
und der Grabeserde Duft.
Keiner will die Ruhe stören,
könnt man nicht die Krähen hören.

Sie besuchen uns in Scharen,
aus dem Lande der Awaren.
Kerzen flackern leuchtend helle,
an der letzten Ruhestelle.

Menschen vor den Gräbern stehen,
Vergangenes im Geiste sehen.
In den Tagen des Gedenken,
in Erinnerung sie schwenken.

Ein Fleck Erde ist geblieben,
als Ruhestätte ihrer Lieben.
In dieser Zeit wird uns gewiss,
dass Leben stets vergänglich ist.

*Heiko M. Kosow *1947*

Spaziergang im Dezember

Griese graue Schwaden aus Nebeldunst,
getrübte, traurig suchende Blicke.
Wie ein Gemälde müder Winterkunst
erscheint verschleiert die alte Brücke.

Umrisse von den blattlosen Bäumen
zeichnen vage Schemen ins Nebelbild.
Verschwommene Konturen von Zäunen,
weit dahinter äst ein Rudel von Wild.

Ein kahles Baumkronengerippe
verziert von einem Vogelnestrest.
Als Wolke eine Krähensippe
krächzend knorrige Eichen verlässt.

Filigran zarte Zweige von Hecken,
in undurchdringlichen Nebelwänden.
Struppig' Strauchgebüsch wir entdecken,
die Blicke im dumpfen Dunst verenden.

Gespenstisch drohen uns alte Erlen,
aus deren fast schwarzem Wintergeäst
schwere Nebelregentropfen perlen,
die Luft ist von ihnen völlig durchnässt

*Kathrin Müller *1990*

Das Unheil

Der Rabe schwarz
In weißer Kälte
Flog empor
Als ein Strahl erhellte

Verlor die schwarze
Feder die Deine
Segelt hinab
Ins Weiß, ins Reine
Dort vergessen
Für einige Zeit

Vögel zwitschern
Bienen sind bereit
Bis du dort wanderst
Durch Wald, über Wiesen
Bis du findest was sie hinterließen

Du hebst sie auf
Du nimmst sie an
Ein Verlauf
Den man nicht ändern kann
Trägst sie mit dir
Wohin es dich auch weht
Bis erneut der Rabe kräht.

*Birgit Oßwald-Krüger *1959*

Nachtgefieder

heute bin ich ausgegangen
rote Strümpfe, schwarze Schuh
meine Blicke warfen Köder
meine Augen Angelhaken
nur mein Herz sah ruhig zu

heute bin ich ausgegangen
rote Lippen, schwarzes Kleid
tanzte mit dem hübschen Jungen
tanzte mit den vielen Schönen
nur mein Herz war nicht bereit

heute bin ich heimgekommen
schwarze Tränen, roter Schmerz
hat kein Wort mein Herz gerührt
hat kein Blick mein Blut verführt
kaltes Mondlicht in den Bäumen
Sterne zwischen kahlen Ästen
Krähen fliegen durch mein Herz

*Birgit Schaldach-Helmlechner *1961*

Vielleicht auch Antworten

Unsere Blicke halten den Zirkel
bis der Mond sich aufschuppt und
sein Silber in den Himmel webt
erst dann haben wir
einen Hauch von Mantel an
denn leichte Hüllen nur
treten in den hellen Raum
ich kenne keinen besseren Ort
um zu wachsen als dort
durch stille Nächte zu gehen
im eigenen Hall sind viele Seelen
sie können aus ihrem Rauch
neue Lichter gebären
die sich sammeln wie früher
auf den Gesichtern der Sehenden
sind vielleicht auch Antworten
zu lesen oder hier ein Keimling
zu finden für blühende Erden...

*Franz Ott *1955*

handvoll

ich greife
eine handvoll erde
gefüllt mit geheimnissen

ich sehe
eine handvoll erde
überzogen mit farben

ich rieche
eine handvoll erde
schwarz gebrannt

ich fühle
eine handvoll erde
langsam eindringen

ich höre
eine handvoll erde
in den teich platschen

*Helge H. Müller *1979*

Dann

Ein Hauch von Ahnung
streicht an den Gittern
der Verdrängnis entlang

Und tastet sorgsam
sich schleichend
durch den Garten seiner Ideen

Viele Rufe nach
Veränderung zerschellen
am steinernen Tor

des guten Willens
ein heller Schrei
des ehrbaren Wollens

entkommt der Feste
der Bedrängnis
und tanzt den Fluss der Dinge entlang

*Tobias Schmidt *1984*

schlammbad

mal so richtig im schlamm wälzen,
nackt natürlich.
und dann ganz laut lachen in die natur
und so tun, als ob man staunt,
und die erinnerungen nachleben
und sich in ihnen wälzen,
und so tun, als ob.

schlammig ist warm und bedeckt
zum glück alles. sich drehen und augen
zumachen. man kriegt sie nicht
auf. sie sind zu und sie bleiben es. der
schlamm ist zu schwer und bedeckt.

man kann sich abwaschen und die verknäulten
socken anziehen und die brille aufsetzen
und weitergehen. und so tun, als ob.

schwierig

schwierig,
näher an die welt zu treten,
als beabsichtige man, sie
vor die lesebrille zu bekommen,
einen einzigen augenblick
anstatt ihres wahren gesichtes.

Man sagt, die wahrheit läge
auf der straße. Vielleicht hängt
sie auch zwischen zweigen,
an denen regentropfen
blitzen wie gestirne
oder sie wird wie ein paar schuhe
aus dem meer an land geschwemmt,
wo es verlassen ist.

Das persönliche leben
beziffert womöglich
die ungezählte anzahl von
fragezeichen, eine spur, die sich
mit dem tod von selber tilgt
oder in kellerräumen spukt,
die verhöre nicht vergessen.

Schwierig,
die handschrift leerer hände
zu entziffern, schuld zu schultern
wie einen verstimmten kontrabass.

*Katja Knosp *1991*

Freies Feld

freies Feld
still und leise
still und leis für mich
kein Wort, kein Ton, kein Laut
nicht ein andres Gesicht

Nur der Klang des Lebens
Auf jedem Schritt des Weges

*Hannelore Lehmkuhl *1935*

Fundstück

Die Natur kennt keinen rechten Winkel
sie webt mit weichen oder wilden Linien
mit tausend Farben herrliche Strukturen
wieder und wieder betrachte ich alles
auch Wolkengebilde faszinieren mich
meine schweifenden Blicke erfassen
unter vielen Formen und Gestalten
manches, das andersartig ist und fremd
nicht auf natürliche Weise so entstanden
durch Menschenhand verändert

Hier ein zerbrochener Granit am Wege
die Hälfte eines flachen Steins
eine Höhlung fällt mir daran auf
auch sie ist durch den Bruch halbiert
die Wandung deutlich eingeschliffen
vor meinem inn'ren Auge seh' ich jetzt
den ganzen Stein mit seiner Bohrung
als das was er einst war
ein Gerät der Eisenzeit
Teil einer Handmühle

Ich habe 'was gefunden
ich halte etwas in meinen Händen
mit dem in grauer Vorzeit
ein Mensch die Nahrung zubereitet
sein Korn gemahlen hat für seinen Brei
ein Gefühl steigt in mir auf
ich habe nur ein Wort dafür: Ehrfurcht

*J. C. Betz *1990*

Hohlweg

Komm herüber, trag mir doch das
Gängelband, eifrig um die Mutterschaft
besorgt, die Allerersten
bleiern, tödlich vorneweg die Mühle:
auf dem alten Weg, da prangt
die Knochenlunte, sprengt das Glitzern
in den Rücken der Erfinder, wir
sind Meister im Entdecken, im Verstecken
(welche Heimat lagert
durch die Höhle
unter welchem Fluss?)

Gib die Hand, ein Hund
sind jene jungen Glocken, oben
auf der Scheiterwand des Nordens
einst gewesen, fielen ein und
witterten das Fleisch des Kindes;
darum solltest du es wissen,
Weichlichkeit ein Scherz aus
Brot gebacken, flüssig in der Stunde
tödlich in der selbstgebrannten Jagd.
(Doch erneut, wie seltsam, sprüht
der Feuerstein an deiner Schläfe)

Will nicht gehen, komm herüber
heute noch ist
deine Lockung
Fieberglas (und Liebesstrick)

*Karsten Stapelfeldt *1989*

Nachtfalter

Ich war wie einst Hesses Falter im Wein
dem Rausch deiner Versuchung erlegen,
hab mich dem süßen Verderben ergeben
und dachte dies soll nun mein Schicksal sein.

Ich vergaß die chaotischen Ereignisketten,
ein Flügelschlag der schon zu Stürmen führt.
So trieb ich in dem giftigen Weine ungerührt,
hoffte dass deine zarten Hände mich erretten.

Die traurige Wahrheit wollt ich nicht erkennen:
Für mich Nachtfalter gab es niemals eine Rettung,
du bist Flamme in dieser chaotischen Verkettung,
das Schicksal lässt mich hilflos an dir verbrennen.

*Julia Bose *1988*

Kokon

Du bist ne falsche Schlange.
Wärst du eine echte
würdest du dich häuten,
einen Blick auf deine
tiefere Ebene gewähren.

Doch deine Haut
schichtet sich.
HautaufHautaufHaut.

Aber dein schöner Panzer
wird eines Tages platzen.
Und darunter wächst
kein Schmetterling.

*Günter van de Linde *1941*

Schlangengift

Du bist eine Schlange mit Roten Haaren
und gespaltener Zunge.
Deine Grünen Augen haben mich hypnotisiert
und in Ketten gelegt.
Deine kühle Haut hat mir die Sinne geraubt
und meine Gefühle explodieren lassen.
Ganz langsam lähmte das Gift
meinen Geist und meine Seele.
Nur die Luft zum Atmen ist mir geblieben.
Ich habe überlebt. Warum?
Immer noch lähmt dein Gift meinen Körper
Deine Zunge ist immer noch gespalten.
Nur dein Haar ist Grau.

*Martina Früchtl *1961*

Entpuppungsprozess

Für mich verstummt
das Gras und Hunger
lacht übers ganze Land
doch still bleib' ich
reglos
und denk' in Reimen
bis regen fällt
der mich hebt
in Eitelkeit

dann opfre ich den Blumen in den Vasen
der nächte
dieser erdwarm maskierten
wein' und lach'
bis die Schatten welken
hart werden und steinschwer
und mein Herz
den Verrat der Wahrheit
loslässt

und ich falle durch meine Tage wie schnee
den die Erde empfängt
einen winter lang

*Kathrin B. Külow *1966*

der tod der schmetterlinge

die landschaft glüht
gold und tausend farben blau
die augen des wassers
verzweigt vernetzt
überbleibsel gleich den sanften hügeln

an ihren rändern taumeln falter
sitzen an gräsern verschnaufen
erblindet ertaubt
bewegen die flügel
und fallen
seen spiegeln den himmel
am horizont rauscht der wind durch den mais
retten falter sich an die augen der eiszeit
ans todbringende wasser

*Johanna Queitsch *1985*

Geh doch

Geh doch, geh!
Und fahr auf den rostigen Schienen,
die ich dir gelegt hab', ins Licht.
Der Tunnel ist bald schon zu Ende.
Ja, geh nur! Ich halte dich nicht.

Geh doch, geh!
Und such dir die Freiheit,
bevor der Steg, der die Gleise stützt, bricht.
Zu Gittern geformt – morsche Balken.
Ja, geh doch! Ich brauche dich nicht.

Geh doch, geh!
Und lass mich hier stehen.
Fahr die Richtung, die Zukunft verspricht.
Geh, bevor die Weichen sich ändern.
Ja, geh doch, ich liebe dich nicht.

*Anna Skolicki *1991*

Bahnhofsabschied

Zwei verschiedene Männer,
zwei verschiedene Bundesländer,
zwei verschiedene Städte,
zwei verschiedene Zeiten,
aber der selbe Abschied.

Auf einem Bahnhof in einer fremden Stadt.
Ein letzter Kuss,
eine letzte Umarmung,
ein letzter Moment der Sehnsucht...
Bevor es mich einholt.

Dann sitz ich im Zug und bin allein.
Von hier an war's das.
Der letzte Kuss verhallt noch im Kopf
und ich starre nur noch aus dem Fenster.
Die Welt zieht an mir vorbei.
Vorbei...

*Brigitte Zimmeck *1963*

im zug

im zug
reisend
im gepäck
das gefühlte
festhaltend
gedanken
tanzen
und reisen
mit
im zug
angekommen!

*Valentin Raskatov *1986*

Verdrängung

An Handies Erhängte
zwischen Ohren
und Fäusten Gespannte
weltverloren
Verbindungen suchend
Flächen tastend stehn sie da.

In Tönen Vertagte
zwischen Gleisen
und Steigen im Halbschlaf
vom Tranquilizer
einfach gebauter
Tracks wo sonst nur Stille war.

*Simone Glatt *1991*

Güterzug

rhytmisch-gleich
entfernt sich träge
Eisenmassen
Leer-Geladen
rostig-rot-braun, ratternd-grau
Produktaufträge.

Waren tragend, transportieren,
importieren, exportieren. Stille Arbeiter
exerzieren Produktivität.

Knatternd fort.
Machtwerk dort –
am Warenort.
Wagenrad reibt
Schienen ächzen
Kunden lechzen
Luftzug bleibt.

*Mirko Aleksander Marsollek *1984*

Tänzchen auf der Laderampe

Ständig Container – sie rollen und rollen...
Steh' auf der Rampe und drücke den Knopf.
Mein Organismus, schon längst zur Maschine
umfunktioniert, trägt die Formel im Kopf,
die parallel das Persönliche mäßigt,
während die Glieder sich rechtwinklig dreh'n.
Was macht ein Job mit der Lebensgestaltung?!
Raunt ein Gedanke, da kribbeln die Zeh'n.
Trotz Abitur wollt' ich Handwerker werden,
seufze ironisch, schon kreisen die Knie.
Schulter und Hüfte bestärken mich locker
in der Entscheidung – kein Grund zur Phobie.
Rampe nun Bühne, die Halle macht Pause.
Wenige nicken zum lautlosen Takt.
Hüpfe zu Disco, auch Foxtrott, Flamenco,
hat mich beim Jammern die Tanzwut gepackt!
All die Ideen vom eigenen Leben,
mal theoretisch, mal hautnah und live,
ähneln dem Sinnbild der fahrenden Rampe...
Aber was rede ich – erst noch den Jive!

*Patrick Hasse *1989*

Afterwork

Verborgenes Korrektiv
Pendelnder Lebenswenden
Gehalten wie kursiv
In Endtagshänden

Passage Zeitrevue
Durchgang'nes Rekonstrukt
Entpackt Momentdebüt
Realitärer Kluft

Entsprungenes Singular
Der Ungewohnten Scheu
Gedächtnis wandelbar
Es ungetaktet neu

Im Dunkel korrigiert
Momentum divergent
Auftritt reinszeniert
Begegnung dependent

*Kajn Kokosknusper *1980*

liturgie

pissen möchte ich
die folklore der zeit in
den tabernakel tobender tanztempel / denn JA
mitgerissen bin ich
in den schweiß / kotze sonntags mein wut das klo hinunter und
benedeie fleißig meinen rausch aus

ich behüte das hämmern im kopf
meine hände falte ich zum spott über mir
über mich: was würde ich vermissen
am leben / was würde ich mich meiner ära
entfremden | würde

ich mich nicht vom bedürfnis verführen
lassen / all der tendenz nach kummer
in den im bildschirm flackernden saccaden und
dem summen / dem sirren durch
die sterilen räume der ausgeh
takelten wirklichkeit hindurch
für ein moment nacht mit 100 blitz stroboskop per minute
und 110 dezibel schrei by caipirinha
jeden Samstag den keim auszutreiben | meine nerven

mater dolorosa!, meine nerven liegen bar
deine tränen / lasse sie bei dir
in mir versiegen sie / stille jetzt!, ich tanze.

*Elisabeth Scheier *1987*

Platzregen pisst mir pausenlos entgegen
peitscht mir ins Gesicht
Popelfarbene Plattenbauten verdecken Pappeln
und Pennern die Sicht

Prunklose Personenaufzüge miefen
nach Pups und Petroleum
Plappernde Parasiten pendeln zwischen
Post und Penny rum

Prahlende Plattschädel parodieren
potentielle Perlen
Während protzende Präkarianer
Parolen rausplärren

Etwa: ‚Du geile Pussy, blas mir prächtig
den Pimmel, Mann!'
Tja – Perzipan statt Marzipan

*Simone Jawor *1983*

Auf einem Ohr leer

Latte, die;
Macchiato im Vorbeileben,
Kaffee mit und ohne Schuss.
Es kann ihn ohnehin niemand hören vor lauter Zweifeln.
Milchkaffee, groß, klein – Wahltime.
Auf einem Ohr das Rumpeln des Fortschritts,
auf dem anderen Ohr das Gezwitscher der Vögel im Netz.
2013 Sorten Lifestyle.
Für 6 Milliarden Menschen wird das nicht reichen.
Es muss etwas Neues her.
Leerstunden in Kaffeemechanik.
Hohlzeitschleusen mit Ausblick,
dazu ein Heißgetränk nach Wahl.
Es ist diese Wahl die bleibt.
Sonst keine Wahl.
Sonst kein Bleiben.
Pulvertürme explodieren mit neuem Rattern und Knarren.
Dampf breitet sich aus.
2013 Sorten Dampf, Geschmacksrichtung: „Jailhouse Rock".
Zischen und Stampfen.
Der Dampf verflüchtigt sich wieder.
Höher, schneller, weiter kickt der Kraftstoff.
Und wieder von vorne.
Auf einem Ohr leer, auf dem anderen der Phonological Loop
der Kaffeehaus-Symphonie.

*Maria Bricarelli *1960*

Welt

Welt staubig und verletzt
Löffelt die letzte Liebe aus
Sucht ein Zuhaus

Dreht sich im Rausch
Wiegt sich in rosigen Liedern
lenkt die Wolken morgens um

Menschen sachte die Gesichter
in der Kaffeetasse vergraben –
Morgen ist noch weit

Freudig dreht die Luft vergessen ihre Kreise
Steine erkalten am rostigen Ende der Erde
Traurig lernt die Geige ihr Lied
über dem steigenden Wasser zu spielen

Unglücklich treibt der Samen im Wasser
Farblos träumend vom Leben unter den Kiefern
Schippert er freudlos auf den Wellen dahin

Liebe Welt dein Koffein ist ausverkauft
Dein Leben ausgehaucht
Inhaltslos die Gedanken derer
die, dich verkaufen,
vergolden, versilbern, verhökern

*Jutta Gornik *1942*

New Age

Alles gekürzelt
gesimst und gemailt
Die Welt
auf dem Tablet
steht Kopf
Sätze ohne Anfang
Sätze ohne Ende
Gedanken
hingeworfen
verworfen
sinnlos
Reden im Fluss
Ein Redefluss
ohne Ende
Keiner hört
richtig zu
Keiner sieht
richtig hin
Zu viele Flashs
Zu viel auf den Ohren
Gefangen im Netz
Global verbrüdert
Jeder ein Künstler
Jeder der Größte
So viele Götter
Und kein Gott

*Margit Fuhrmann *1953*

Advent

Weihnachtsmarkt und Plätzchenduft
Glühweinschwanger ist die Luft
Lichterketten um das Haus
Weihnachtsmann toppt Nikolaus

Liederkitsch die Ohren füllt
Von der Werbung überbrüllt
Menschen hasten rennen stressen
Stille Andacht längst vergessen

Und das Christkind ließ vergebens
Seinen Stern im Aufgang leuchten
Verschüttet ist die Kunst des Lesens
Dessen was die Herzen bräuchten

Und in der Krippe liegt das Kind
Nur Ochs und Esel sind nicht blind
Derweil in Glitzerweltentempeln
Die Kunden sich zu Sklaven stempeln

Bei Lichterflut und Kerzenmeeren
Wird Sehnsucht kalt in Gier vermummt
So lässt sich's leicht die Börsen leeren
Indes die Liebe leis verstummt

Plätzchenkrümel Glühweinwärme
Stopfen wohlig die Gedärme
Vorm gold'nen Kalb kniet stolzdevot
Der wunde Mensch – und Gott ist tot

Und in dem Stall da friert das Kind
Denn selbst die Hirten sind heut blind
Den kleinen Stern aus Bethlehem
Im Glitterflirrn sie überseh'n

*Holger Sauer *1959*

vergebliche Versuche

einen Schneemann
eine Schneefrau zu bauen
liegen verstreut auf einer Wiese

vergessene Unterleibe
die ohne Oberkörper
ohne Kopf verbleiben

unvollendet
weil der Schnee fehlt

schön schmutzig
der eingerollte Schnee
durch die mitgenommene Erde

die Rümpfe sehen in ihrem
schmutzigen Weiß aus
wie weidende Schafe

dazu passt das Grün der Wiese

*Travis Millin *1977*

So schmal

So schmal, so hell die
Straße, das Haus, so klein
Die Wiese – ich sah den
Bunker nicht, hab nicht darauf
geachtet?

Ist der Kiosk noch auf
Der Ecke? Hab die Fenster
Der Fassade, die damals dunkler
war, angeschaut. Es war unser
Fenster:

So schmal (heute), so hell
(Jetzt) die Straße, das Haus,
So klein die Wiese, auf
Der ich damals die Schneemänner
Türmte.

Zufällig an der Blücherstraße vorbei
Gefahren. Ich glaube, es war
Unser Fenster. Es sah mich an.
Ja, es erkannte mich
noch.

*Teseo La Marca *1993*

Gang durch die nächtliche Großstadt

Schau hinauf wo Menschen wohnen
fern von allen Nachtgespenstern:
Lachen dringt von den Balkonen
warmes Licht klebt an den Fenstern.

Und ich denk wenn ich das sehe:
Schön wärs wenn in solchen Nächten
jene Wege die ich gehe
mich in ein Zuhause brächten.

*Roman Brendel *1978*

Seifenblasen-Dasein

Ich lief mir heute über den Weg.
Ganz zufällig nur.
Sah mich sitzen.
Mitten in der Stadt.
Alleine und verloren.
Keine Heimat, kein Zuhause.
Leben für die Sucht.
Lieber im Knast als etwas ändern.
Und alle Anderen waren schuld.

Ich lief mir heute über den Weg.
So völlig unbedarft.
Rempelte mich an.
Armanianzug und goldene Ketten.
Sehr viel Geld, sehr wenig Freunde.
Schuften für das Konto.
Glückseligkeit in Vorkommastellen.
Und mit Nichts und Niemand teilen.

Ich lief mir heute über den Weg.
Ohne Vorwarnung.
Erspähte ich mich.
5 Kinder und 1 Frau.
Wenig Zeit für mich, keine Reue im Gesicht.
Verzichten für Familienglück.
Und ständig lachen, schimpfen, spielen.

Ich lief mir heute ständig in die Arme.
Ein jedes Gesicht war Spiegelbild.
Jedes Leben ich.
Welten voller Egos.
Getrennt nur durch winzige, zartschimmernde Entscheidungen.
Hauchdünn wie die Existenz selbst.

*Isabel Loudig *1940*

Verhängnisvolle Sekunde

Wenn die scheue, grazile Gazelle
in der grimmig glühenden Savannensonne,
vor einem pirschenden Schatten fliehend,
sich angstvoll zu ihrem Schicksal bekennt,
vollführt sie noch ein letztes Mal
ihre spielerisch bravourösen Sprünge,
bevor die Welt erlischt mit einem Prankenschlag
und zitterndes Gras sich blutrot färbt.

*Luca Lienemann *1994*

Phasenverschiebung

phase kluft tritt über die klippen
äther durchdringt die hitze verlangsamt den tag
über den gehsteig hinweg wie nebel (es ist nur rauch)
am schlachthof vorbei und den bronx im
rinnstein die gitterstäbe und dort sammelt sich
der fortgespülte dreck mit mund und magen
etwas hält die luft an jemand denkt
es ist die zeit.

Phase struktur zerfällt zwischen den kuppen
schichten lösen sich von dem verstand es hämmert
jemand einen schriftzug über die mauern (nur kläglich)
wer spricht denn vom zertrümmern steht da
bewegt sich nicht fort im hinterhof brennen die
tonnen der wiederhall fließt zwischen den köpfen
alles wartet und zweifelt jemand
holt tiefen atem.

*Ella Brenneke *1996*

Systemfehler

Ich schlachte mich
in den Trog
seiner Zwangsernährung

Hätte ich Hinterbeine
wäre Haltbarkeit länger

Sein Mundstück seziert
meine Knochen
kaum Konsistenz

*Kevin Hattenberg *1992*

Insert [   ] To Continue

Unruhige Finger. Einwurf. Leben x1.
Nun fängt der Spaß erst an! Adrenalinschweiß
perlt joystickdick auf alle Highscorebringer.
Geskillten Spielern winkt der Dopaminpreis!

Es flimmert. Auf Bildschirmen. In Gehirnen.
Transistor wird Synapse. Noob wird Star.
Realität verschwimmt. Sie ist ein Greenscreen.
Den Background wählen Psychotropika.

Press Start To Play: "Der Trip des Einwurfhelden".
Der Levelaufstieg für den letzten Endboss:
Sich selbst. Raus aus dem Ladebalkenleben.
Beim Abspann fühlt der Held sich im Moment groß.

Unruhig bleiben Finger. Einwurf. Nochmal.
Das Rauschgiftglückeinwerfen macht den Spieler
des Lebens aus. Nun fängt der Spaß erst an!
Geknackte High Score. Leben x0. Game Over.

*Rudolf Leder *1941*

Netzseidankneohominiden

Goldfischnetzgefangene
Weltweitmarionettenzappelnde
Letzteindividualistengetötete
Geklontuniformglobalisierte
Durchsichtigglasklarrierristen.

Kommunikationstsunamiopfer
Pathologischnetzabhörgeile
Enthemmtdreckschleudernde
Terroristenaufspürfahndende
Bunkerdrohnenfernsteuernde.

Bureaumorddrohnenopfer
Unschuldslateralschadenfrauen
Unschuldslateralschadenkinder
Verfehlteüberlebensradikalisierte
Rachsüchtigeterroristenmassenmörder.

Unverbesserlicheweltfriedensgläubige
Wassernahrungsbodenteilende
Bruderschwestergerechtigkeitsgläubige
Verzweifeltmenschenrechtslebende
Hoffnungstirbtzuletztstrohhalmige.

*Christian Götzl *1988*

Faithbook

In den Tiefen unserer Pinnwänderleben reihen sich
die grenzenlosen Einsamkeitszeugnisse unserer Leben.
Lügen und Banalitäten und gespielter Frohsinn sollen überdecken
welch identitätsverlorene Wesen sich im Individuumswahn
zwischen den Halmen der sozialen Netzwerke verbergen.

Potemkinsche Bilderplattenbauten türmen sich
in einheitsbreiigen Profilen und schreien nach
aufmerksamkeitsbedingten Geborgenheitsillusionen –
– In den Armen des Systems.

Doch die billige Surrogatwelt nimmt nur
und gibt nicht
und hilft keiner Seele.
Sie agitiert, kontrolliert und trinkt
Lebenssaft, Lebenskraft, Lebensfreude
Und durch die Sozialenetzwerkstruktur hindurch
schreit ihr Credo in die leblosen Augen fremder Wesen:

Offenbare nur andere, niemals dich selbst.
Erklick' dir Vertrauen, verschenke es nicht.
Verschließe dich nicht, sondern teile.
Und wenn es hart auf hart kommt
dann lass die Anderen fallen
und dämpfe deinen eigenen Aufprall
Mit ihren Leichen.

*Simon Sonnenberg *1994*

antiseptic dreamlandscapes

infusionsblumen wuchern auf dem
apothekenboden. Kristalline blüten
ohne jede peripetie, wir steuern rosa
raketen aus nadeln und röhren.
Die geräte singen im klinischen
maschinenchor ihre kammerstücke.
Allen voran der EKG. Seine arie: ozean
des herzens, elektrogener wellengang
schüttelt die glieder wach.
Komm lass uns flüchten über alle
herzensmeere. Metastasen einer neuen
freiheitsbewegung sein jede hebung
zerebral zelebrieren und die hauthülsen
ablegen: das gelb das weiß die nichtigkeit
ein letztes mal die automatischen türöffner
streicheln, triumphal surrend.

*Svenja Wunderlich *1996*

Versenkung

Setz' dich zu mir, mein Freund,
ich habe eine Idee.
Wir versenken uns in der Versenkung
von Tee.
Wir lesen
  Geheul
abwechselnd und erklettern
die Telegraphenmasten,
um nach der wundervollen
großartigen
allumfassenden
Verbindung zu suchen, die verbindet.
Die Sonne nennt uns irre,
auch die Autos
und die Ärzte
und wir uns selbst.

*Jan Lindner *1985*

Geschlossene Abteilung, Station 14

– Geschütteltes Spiegelsonett –

Ich sehe in der weiten Ferne gegen
so kurz vor zwölf ein altes Schlösslein ragen,
(hier ist es wüst, hier darf man gerne fegen)
als Blitze mich vom holden Rösslein schlagen!

Um mächtge Türme in den Höhen ballen
sich Krähenhaufen. Tote Bäume treten
aus spröder Erd' hervor und Böen hallen
im Ohr, man darf für nette Träume beten!

Und vor dem Tor im Mondeslichte schleichen
Gestalten, die bald ungeheuer fauchen!
Sie wandeln schäumend, ziehen schlichte Leichen,

die scheinbar aus dem Aug' noch Feuer hauchen –
als wie besessen was von drinnen zischt
und mich perplex durch hohe Zinnen drischt!

Jetzt wird mir klar, dass es hier leider spukt:
Vom Leuchter eine Riesenspider lugt!
Und unterm Teppich rammeln Rattengeister.

Ein Zombie schlurft entlang der schicken Dielen
und stöhnt. Als wollt' er was begatten, reißt er
Gardinen, bis zum Halsverdicken, Schielen.

Der Schrecken reicht von Kopf bis Zehenspitzen.
Es spieln an einem Jüngling lauter Greise.
Sie klettern an ihm rauf, erspähen Zitzen,
und als sie saugen, ziehn, ergraut er leise.

Ich kann nicht mehr und will nachhause pendeln,
da will mir etwas ins Gekröse beißen –
wie soll man das denn ohne Pause händeln!
Bald spür' auch ich im Kopf das Böse kreisen.

*Bastian Jung *1973*

Ein leiser Traum

Die hellen Seiten tragen Trauer.
Die Schattenwelt liegt auf der Lauer.
Um auszubreiten ihre Macht.
Der Tag verwandelt sich zur Nacht.

Das Licht versinkt in dunkler Stille.
Umringt von einer schwarzen Hülle.
Verbirgt sich nun des Tages Glanz
und es beginnt der Schattentanz.

Von nun an nicht mehr aufzuhalten.
Bewegen sich die Nachtgestalten.
Für ein paar Stunden durch den Raum.
Erwacht in uns ein leiser Traum.

Doch langsam wird es immer lauter.
Gesichter werden uns vertrauter.
Nun dauert es auch nicht mehr lange.
Dann ist die Party voll im Gange.

Es tanzen, johlen die Gestalten.
Der Lärm ist jetzt kaum auszuhalten.
Der Traum entfaltet seine Pracht.
Geisterstunde – Mitternacht.

Dann kommt auch noch ihr Lieblingslied.
Die ganze Halle grölt es mit.
Es schreit und singt die ganze Meute.
Ein Riesenspaß für alle heute.

Doch auch so schnell wie sie gekommen.
Hat jeder seinen Hut genommen.
Im Handumdrehn wird Schluss gemacht.
Man freut sich auf die nächste Nacht.

Das alle tanzten wie besessen.
Ist am Morgen fast vergessen.
Die Müdigkeit die merkt man kaum.
Es war ja nur ein leiser Traum.

*Ulrike Bleiming *1969*

Dank an Inger Christensen

Wunsch verschwunden Funktionieren, trotten, traben am Traumschloss vorbei, wenn auch haarscharf am verwunschenen Schloss Im Stechschritt zur Schwindsucht Seele erzittert, ist kalt und so fort So frustgefroren hängt jede Faser und mit jedem rasselnden Atemzug an diesem irdischen Irrsinn Tanzt der Derwisch, der Stift kratzt über das Papier Mein Schwert spaltet die klebrige Luft zwischen Gedanken Zu Wort bringen, kratzend mit dem Stiftschwert auf's Papier, diesen Gedanken, diesen einen Gedanken der Seele mit Schwindsucht und dem Wunsch nach Verwunschenem

*Julia Fürst *1991*

Vergessliche Poesie

In den Häfen, auf den Park-
wegen, in den unfrisierten Vorstadtgärten:
Raue, vergessliche Poesie.

Ich irre, es kommt vor, es wird gedichtlich,
Zwischen zwei Augenschlägen, heiß
gegossene, eiserne Blüten.

Ich reiße nicht daran, ich suche
kein echtes Leben. Echtes zu leben
braucht kein Gesuch:

Im Gedränge umarmt mich
die erlittene Welt,
winkt nach mir mit tausend
überflüssigen Händen.

*Annemarie Herms *1989*

Das gestohlene Blau

Noch eine Zigarette, ein paar Minuten
dem Frost entgehen
Durch die Rauchschwaden
ist deine Hand nicht weit genug entfernt
Es wagen
Die blaue Traurigkeit fängt mich
Abdriften in ihre Tiefen...

Die Kornblumen
neigen sich unter den Regentropfen
tragen schwer
an vielen Gedanken
Das Wasser
rauscht laut und zügellos
verbirgt in den Tiefen
seine Geheimnisse
Der Himmel
lässt die Wolken ziehen
sendet alle Wünsche
in die azurfarbene Ferne
Der Kristall
gesprengt in tausend Träume
leuchten matt
als Sternenhimmel hinter seiner Stirn

Auftauchen in die klare, kalte Nacht
beim letzten Blick zurück
küsse ich die Welt in deinen blauen Augen

*Brigitta Wullenweber *1961*

Bestimmt

Hab die Welt
in kleinen Schlucken getrunken.
Jetzt ist sie leer.

Und der Schwamm in meinem Innern
tropft ihr Leid in meine Eingeweide.

Ich sollte sie abseihen können,
denk ich,
während die Flüssigkeit
die Farbe wechselt.

Glaub erst an einen Kalauer.
Aber sieh.
Lila fließt und bringt Veränderung.

Immer, sagst du,
kannst du die Uhr nach stellen.
So wie nach dem Fahrplan,
den sie damals schrieben,
für dein gesamtes Leben
und auch für heute.

Sie wird die Welt trinken, lese ich.

*Anna Lydia Landwehr *1991*

Das Geheimnis des Universums

Die Gedanken an dich
trage ich wie eine zweite Haut
Die Gedanken an dich
tragen mich
durch die müder werdenden Tage

Du bist Luft/Wasser/Feuer
in dir vereinen sich die Elemente
leuchten in allen Farben des Regenbogens

Dich sehen heißt
mich hergeben
mich fallen lassen
zu dir hin in dich hinein
mich verlieren
in deinem unendlichen goldenen Blick

Du hast dich mir in den Körper geschrieben
zärtliche Grausamkeit deiner Unschuld
die Narben glühen in stetem Verlangen
rastlos die Glut in mir brennt

Dein Körper ein Wunder unter meinen Händen
voller Strahlkraft
Ich halte inne
um die Offenbarung zu würdigen
die du mir zuteil werden lässt
lerne wieder zu staunen
staune über die Göttlichkeit die in dir wohnt

*Hannelore Furch *1946*

Gebranntes Kind

Es kam die Zeit,
da wollte ich entfachen
die Lebensglut
und war bereit,
zu knistern und zu krachen
und brannte gut.

Es kam ein Stoß
des Windes und entführte
die Flammen weit.
Da stand ich bloß,
vernähte und verschürte
mein Aschenkleid.

Gebranntes Kind
war ich bei neuem Feuer
und ging nicht hin,
und trug den Wind,
mir einst mal lieb und teuer,
als Feind im Sinn.

So kam die Zeit,
da lebte ich in Ruhe
und ohne Freud
und wurd's dann leid,
und kaufte neue Schuhe
und tanze heut

wie's mir gefällt.
Ich konnte schnell erfassen
die Zeit im Trend
und werd' das Zelt
im Festtagskleid verlassen,
bevor es brennt.

*Sarah B. Haase *1995*

Inventur

Das Kleid zum tanzen. Der Melodie
Die Tusche zum skizzieren. Des Gesangs
Das Buch zum lesen. Der Musik

Das Lied meines Lebens
Mein Besitztum
Die Kunst des Lebens
Mein Inventar

Der Spiegel zum sehen. Der Zeit
Der Pinsel zum malen. Des Moments
Der Mantel zum umhüllen. Des Augenblicks

Der Atemzug meines Lebens
Mein Inventar
Die Kunst des Lebens
Mein Besitz

Die Kohle zum illustrieren. Der Letter
Die Handschuhe zum tragen. Der Schrift
Die Flasche zum trinken. Der Lyrik

Die Worte meines Lebens
Mein Eigentum
Das Leben als Kunst
Mein Inventar

Mein Lied.
Mein Atemzug.
Meine Worte. Als Inventar

*Annette Glanzer-Fischer *1961*

Nichts anderes will ich sein

Träumerisch in die Buchstaben gekippt,
hoffnungsfroh romantisch.
Mich dem Wort hingegeben,
fast ohne Gegenwehr,
und ganz leise dabei geseufzt.

Satz um Satz begeistert in mich aufgesogen,
Dateien angelegt, unzählige Ordner.
Durch wohl tausend fremde Länder gezogen,
mordend, brennend, Hüterin des Lichts.
Oft aber auch auf der anderen Seite daheim.
Ruhmreiche Leben gelebt,
doch niemals aufgewacht.

Aus der Zeit gefallen,
aufgelöst im Atem der Vergangenheit.
So fliege ich in die Jahre, die vor mir liegen
und ich blicke nicht zurück.
Sandkorn in der Bibliothek des Lebens,
nichts anderes will ich sein.

*Elke Bathe *1958*

Abschied

Mit geschlossenen Augen lagst du unter deinen verborgenen Gedanken
wob die Nacht Stille
um die Gipfel der Häuser atmete Rauch aus Kaminen
in mein Schweigen tröpfelte die dunkle Neigung deines Gesichts.

Ein letztes Wort aus dem Lexikon gezerrt,
an den Zipfeln aufgehängt,
zwischen die Buchstaben Sonnenlicht gezogen, gestreckt und geglättet,
Abschiede hinein getanzt.
Sanft rieselte eine Farbe über meine Schulter,
im Spiegel dein Gesicht ein letzter Gruß.

*Holger Vos *1978*

Reisetipps

Es ist Zeit. Willst du es
wirklich tun, geh allein.
Nur leichtes Gepäck, so
du dich nicht verirren
willst im Habenwollen.
Nimm Erinnerungen mit.
Ein paar gute Gedanken.
Dogmen lasse zurück.
Lies die alten Geschichten.
Lerne sie auswendig und
vergiss sie wieder, bis sie
leben in dir. Lächle, freu
dich ob deiner Reise.
Schau dich um, höre zu.
Öffne dich dem Neuen,
doch verschließe dich
nicht dem Alten. Es kann
helfen, Wegpunkte bieten.
Verabschiede dich gut,
wenn du kannst. Vieles
lässt du zurück, und
wohl für immer, ewig.
Atme ruhig und nimm die
Dinge, wie sie sich dir
offenbaren. Alles im Gehen
und Kommen. Solange es
regnet, fließt der Fluss.
Solange du gehst, bist du

Autoren	Wohnort	Land	Gedichttitel	Seite
Brigitta Abderhalden	Pfäffikon	Schweiz	Welt in Eichen	35
Michel Ackermann	Berlin	Deutschland	die dame	92
Brigitte Adam	Berlin	Deutschland	Mit Dir	19
Ion Alexe	Linz	Österreich	Das Angesicht	74
Kerstin Allesch	Salzburg	Österreich	Sommergedanke	114
Judith Arweiler	Marburg	Deutschland	Meine Freiheit in dir	77
Olivia Auth	Günzburg	Deutschland	Marmeladengläser	66
Georges Awad	Berlin	Deutschland	Für die, die meine Seele ausgeliehen hat	76
Udo Bahntje	Lüneburg	Deutschland	Museum der Träume	50
Janine Balzer	Munster	Deutschland	Gewitterworte	31
Elke Bathe	Düsseldorf	Deutschland	Abschied	172
Gisela Baudy	Hamburg	Deutschland	Septembertage	123
Nika Baum	Maria Enzersdorf	Österreich	Sehnsucht	9
Ingrid Baumgart-Fütterer	Östringen	Deutschland	Sternenbrücke	43
Gerhard Beck	Nützen	Deutschland	Gerede	109
Klaus Dieter Beck	Engelskirchen	Deutschland	Jetzt	80
Erika Beha	Berlin	Deutschland	Blätterträume	126
Daniel Behrens	Rzeszow	Polen	Dia Show	79
Susann Behrisch	Freital	Deutschalnd	Frühling	13
Karin Beier	Lichtenau	Deutschland	Fernweh	132
Klaus Beisenbusch	Dorsten	Deutschland	Vater Rhein	39
Ivona Bekiopoulos	Karlsruhe	Deutschland	Winternacht	5
Elin Bell	Glücksburg	Deutschland	Sicheres Geleit	91
Ellen Benn	Wuppertal	Deutschland	Allesende	32
Ernst Bergande	Düsseldorf	Deutschland	Hals über Kopf aus dem Häuschen	39
Silvia Bergel	Willich	Deutschland	Leben lassen	113
Philipp Berghoff	Bochum	Deutschland	Schöne aus dem Nichts	86
J.C. Betz	München	Deutschland	Hohlweg	149
Elke Bischoff	Schmölln-Putzkau	Deutschland	Minusamplitude	10
Marlies Blauth	Meerbusch	Deutschland	ruhrgebiet	48
Ulrike Bleiming	Coesfeld	Deutschland	Dank an Inger Christensen	168
Nando Bluschke	Süderfahrenstedt	Deutschland	Morgentau und Abendschein	61
Hellmut Bölling	München	Deutschland	Grenzenlos	34
Ursula Bohn	München	Deutschland	Down South (Antarctica)	7
Beate Bonifer	Hainburg	Deutschland	fehlfarben	136
Julia Bose	Köln	Deutschland	Kokon	150
Michael Brachner	Regensburg	Deutschland	Uferlos	91
Laura Breiling	Dachau	Deutschland	nächtliche Hände	21

Roman Brendel	Nürnberg	Deutschland	Seifenblasen-Dasein	161
Ella Brenneke	Bielefeld	Deutschland	Systemfehler	162
Maria Bricarelli	Nürnberg	Deutschland	Welt	158
Beatrice Buchholz	Magdeburg	Deutschland	Reisender	93
Lisa-Marie Buchholz	Nürnberg	Deutschland	schlaf	103
Karin Büchel	Bonn	Deutschland	Leben	124
Pitt Büerken	Münster	Deutschland	Maria – Respekt	24
Alina Büttgenbach	Alfter	Deutschland	Südseezauber	97
Birgit Burkey	Ramstein	Deutschland	Puppenspieler	21
Ines Burkhardt	Innsbruck	Österreich	Kalenderblatt	119
Stefan Butter	Tübingen	Deutschland	Neue Liebe	51
Samson Cvetkovic	Wien	Österreich	Wie Pech und Schwefel	27
Pascal Cziborra	Bielefeld	Deutschland	schweigen im walde	137
Michael Dahm	Nesow Dorf	Deutschland	Verwehte Lieb'	116
Horst Decker	Ranstadt	Deutschland	NS/IS	120
Lieselotte Degenhardt	Bad Sachsa	Deutschland	Die schlafenden Vögel	36
Uwe Detemple	Neuried	Deutschland	Havanna	102
Nele Deventer	Beckum	Deutschland	Nimm mich mit	49
Frank Dieckmann	Magdeburg	Deutschland	Der Zweifelnde	38
Herta Dietrich	Bad Windsheim	Deutschland	Nachtleben	103
Stefanie Dominguez	Paderborn	Deutschland	Vereint	115
Ingrid Dressel	Bochum	Deutschland	Wie Ebbe und Flut ...	88
Stefan Arno Dressler	München	Deutschland	normandie, sommer	106
Magdalena Ecker	Weißkirchen a.d. Traun	Österreich	Vor dem Morgen	114
Heidi Eckstein	Leipzig	Deutschland	zwischen dem stau	31
Jürgen Ehrenmüller	Graz	Österreich	Urlaub im Süden	63
Claudia Diana Elas	Rheinfelden	Deutschland	Venus	18
Bettina Leonie Engelhardt	Hamburg	Deutschland	Entgrenzt	127
Martin Erdmann	Stuttgart	Deutschland	Soldatenlieder	106
Stefan Erler	Zirndorf	Deutschland	Es ist nicht kalt	6
Darko Erletic	Karlsruhe	Deutschland	Fallende Blätter	124
Philipp Espelage	Lohne	Deutschland	Wunderschön	13
Danijela Fanselau-Covic	Berlin	Deutschland	Die Zukunft	45
Willibald Ferstl	Hemau	Deutschland	das geheimnis der kunst – der ewige frühling	28
Jochen Fischer	Mannheim	Deutschland	@na	63
Kerstin Fischer	Achim	Deutschland	Am Grab	140
Luzia Fischer	Arzberg	Deutschland	Alte Mühle	10
Claudia Fliege	Wuppertal	Deutschland	Sonnenstrahlen	101
Oliver von Flotow	Aurachtal	Deutschland	du	134

Gabriele Franke	Bochum	Deutschland	Sommertraum	67
Romina Frenzel	Lüdenscheid	Deutschland	Ein Mann	18
Julia Frick	Lambsheim	Deutschland	Karikatur	52
Petra Friedel	Flechtingen	Deutschland	Am Meer	80
Silvia Friedrich	Kleinmachnow	Deutschland	Herbst	125
Sofie Fritz	Düsseldorf	Deutschland	Drei Farben	117
Martina Früchtl	Windeck	Deutschland	Entpuppungsprozess	151
Bruno Füchslin	Richterswil	Schweiz	Blattblau	5
Julia Fürst	Borna	Deutschland	Vergessliche Poesie	168
Margit Fuhrmann	Bischbrunn	Deutschland	Advent	159
Hannelore Furch	Rösrath	Deutschland	Gebranntes Kind	171
Georg Gaigl	München	Deutschland	heile welt	97
Rainer G. Gellermann	Lagesbüttel	Deutschland	Des Lebens Fahrt wird plötzlich unterbrochen	85
Jürgen R. von Gernler	Bayreuth	Deutschland	Wahnsinn	120
Annette Glanzer-Fischer	Wien	Österreich	Nichts anderes will ich sein	172
Simone Glatt	München	Deutschland	Güterzug	153
Sebastian Goelz	Hamburg	Deutschland	Gast im Juli	62
Christian Götzl	Günzburg	Deutschland	Faithbook	164
Stephan Gora	Eschach	Deutschland	Ma tristesse	130
Jutta Gornik	Herford	Deutschland	New Age	158
Peter Goß	Berlin	Deutschland	Hoffnung	25
Joachim Gräber	Hamburg	Deutschland	Erkenntnis vor Ort	37
Stephan Gräfe	Gießen	Deutschland	Im Zentrum der Gesetzmäßigkeit	28
Gregor Graf	Biel (Bienne)	Schweiz	Herbst	124
Rebecca Graß	Kamen	Deutschland	Die See	90
Barbara Gregor	Berlin	Deutschland	Ich sehe uns noch Schneerosen pflücken ...	121
Henriette Groeger	München	Deutschland	Danach greifen	54
Antonia Grohmann	Dresden	Deutschland	Wechselburg	59
Heike Großmann	Dresden	Deutschland	Schafe für die Ewigkeit	107
Sarah B. Haase	Leipzig	Deutschland	Inventur	171
Irena Habalik	Wien	Österreich	Novemberpark	129
S. Hage-Packhäuser	Freden	Deutschland	Tonspur	98
Anja Hagemann-Becker	Allendorf	Deutschland	Einladung zum Tanz	94
Juliane Hagen	Leipzig	Deutschland	Versöhnung	110
Kathrin Haitchi	Geslau	Deutschland	Freiheit	30
Josef Haller	Sterzing	Italien	Elf punkt siebenundfünfzig	20
Uschi Hammes	Trier	Deutschland	Herbstnacht	127
Karin Maria Hankowetz	Nürnberg	Deutschland	Inseln	81

Gisela Happekotte	Mönchengladbach	Deutschland	Wenn ich gestorben bin	141
Meera Hardebusch	Dortmund	Deutschland	Schmerzvoll ...	109
Rafael Haslauer	Enns	Österreich	vom Leben und vom Tod	44
Patrick Hasse	Oranienburg	Deutschland	Afterwork	154
Kevin Hattenberg	Bordesholm	Deutschland	Insert [ ] To Continue	163
Dirk Heckmann	Passau	Deutschland	An den Regen	61
Sebastian Heim	Aidlingen	Deutschland	La Belle	14
Dietrich Hellen	Kerken	Deutschland	Im Träume	68
Annemarie Herms	Potsdam	Deutschland	Das gestohlene Blau	169
Dr. Arnd Herrmann	Würselen	Deutschland	Der Zug der Kraniche	131
Patricia Hess	Witten	Deutschland	Schattenkinder	46
Ralf Hilbert	Paderborn	Deutschland	Weniges	121
Gabriele Höpken	Kißlegg	Deutschland	Alte Freunde	55
Mara Kristin Holtmann	Werder (Havel)	Deutschland	Wellen	91
Niklas Holzapfel	Frankfurt am Main	Deutschland	Der alte Maler	117
Verena Homberger	Stuttgart	Deutschland	Segel.ins.Leben.	85
Anne Honings	Müntz	Deutschland	klarer Blick	55
Esther Horat	Basel	Schweiz	graue mauern	107
Silke Hoss	Kerpen	Deutschland	Der Weg	26
Natascha Huber	Frankenthal	Deutschland	Nacht(v)ergeben	111
Karin Hufnagel	Stuttgart	Deutschland	Ich schenke dir mein Gestern	41
Jessica Hummel	Bad Salzuflen	Deutschland	Take me Home	59
Regina Jarisch	Weimar	Deutschland	Abgefahren	11
Simone Jawor	Riga	Lettland	Auf einem Ohr leer	157
Matthias Jentzsch	Halle	Deutschland	irgendwann	113
Julie-Marie Jörck	Hamburg	Deutschland	Mein Traum	97
Silja Johannsen	Köln	Deutschland	Elfriede	84
Bastian Jung	Frankfurt am Main	Deutschland	Ein leiser Traum	167
Christiane Jung	Den Haag	Niederlande	„Ist das Grün, zu grün?“	118
Annabelle Kahmann	Wuppertal	Deutschland	Unendliche Weite	83
Carmen Kais	Oschatz	Deutschland	Jenseits des Sichtbaren	105
Angelina Kammerer	Königsfeld	Deutschland	Ein letztes Mal	87
Claudia Kanter	Ludwigslust	Deutschland	In aller Tiefe des Gefundenen	61
Lars Karasek	Dresden	Deutschland	Herbst	126
Deborah Karl-Brandt	Bonn	Deutschland	Grenzstreitigkeiten	35
Julia Kaufmann	Neustadt	Deutschland	Herzblut	22
Verena Kaul	Berlin	Deutschland	Herbst	127
Lars Keller	Ludwigshafen	Deutschland	Verwehen	128
Katharina Kellig	Medina	Ungarn	Taubstumme Wahrheit	123

Elviera Kensche	Hildesheim	Deutschland	Das Herz	86
V. Keuschnigg-Kerber	Steeg	Österreich	Wüsten	100
Margarete Kirchner	Havixbeck	Deutschland	Traumgarten	69
Maria Rosa Kirchner	Grafenau	Deutschland	Leben eben	70
Antonia Kistner	Leinefelde	Deutschland	Flügel der Illusion	63
Bastian Klee	Berlin	Deutschland	Kinderdank	23
Andreas Kley	Seelze	Deutschland	Frieden	112
Lucia Kling	Ingolstadt	Deutschland	Herz aus Eis	29
Hermann J. Klingenberger	Langenfeld	Deutschland	Bei einer Wanderung in den Abend	46
Michaela Kloiber	Göppingen	Deutschland	Demenz	42
Stephan Klonowski	Schwabmünchen	Deutschland	Seelengefährtin	77
Heike Knaak	Köln	Deutschland	stadt aus stein	100
Anna Knab	Sistrans	Österreich	Sommerimpression	61
Andrea Knape	Berlin	Deutschland	Komm	118
Hermann Knehr	Nürnberg	Deutschland	Letzter Gang	138
Katja Knosp	Steinach	Deutschland	Freies Feld	148
Raphael Köhler	Bielefeld	Deutschland	Meer	89
Adelheid Anna König	Wien	Österreich	Frostwarnung	8
Sabine Kokoreff	Bochum	Deutschland	Spuren	138
Kajn Kokosknusper	Leipzig	Deutschland	liturgie	155
Heiko M. Kosow	Münster	Deutschland	Spaziergang im Herbst	143
Susann Kraft	Karlsbad	Deutschland	Hand in Hand	59
Rüdiger Kratzke	Sarstedt	Deutschland	Für alle Zeit	101
Rudolf Kraus	Wien	Österreich	ostwärts	135
Mareike Kreiner	Schwäbisch Hall	Deutschland	vielleicht	54
Heike Kreitschmann	Bochum	Deutschland	Zwischen Welten	93
Bernhard Krickler	Graz	Österreich	heute morgen	57
Heinz Krüger	Neubrandenburg	Deutschland	Schlaflos liegend	78
Kathrin B. Külow	Berlin	Deutschland	der tod der schmetterlinge	152
Barbara Künzl	Bürgel	Deutschland	Blaue Stunden	80
Barbelle Kumlin	Mannheim	Deutschland	Licht und Schatten	46
Olaf Kurtz	Berlin	Deutschland	Hotel der Somnambulen	15
Teseo La Marca	München	Deutschland	Gang durch die nächtliche Großstadt	160
Rebecca Lambert	Trier-Ruwer	Deutschland	Frühlingswinter	12
Anna Lydia Landwehr	Mainz Finthen	Deutschland	Das Geheimnis des Universums	170
Marianna Lanz	Zürich	Schweiz	klavier	95
Ute Latendorf	Buxtehude	Deutschland	Leben lernen	25
Rudolf Leder	Kehrsatz	Schweiz	Netzseidankneohominiden	163

Christiane Lehmann	Coburg	Deutschland	Im Strudel der Nacht	16
Hannelore Lehmkuhl	Ammersbek	Deutschland	Fundstück	148
Rena Lévano Casas	Darmstadt	Deutschland	Im Fahrtwind der Töne	60
Rita Liebtrau	Jena	Deutschland	ohne grund	89
Christoph-Maria Liegener	Bubenreuth	Deutschland	Vollmond	135
Luca Lienemann	Steinen	Deutschland	Phasenverschiebung	162
Günter van de Linde	Rheinberg	Deutschland	Schlangengift	150
Jan Lindner	Leipzig	Deutschland	Geschlossene Abteilung, Station 14	166
Jana Lobe	Bamberg	Deutschland	Minenspiel	26
Maja Loewe	Hannover	Deutschland	Hinter dem Kondensstreifen	18
Isabel Loudig	Brattleboro, Vermont	USA	Verhängnisvolle Sekunde	162
Eva Lübbe	Leipzig	Deutschland	Die Zauberlehrlinge	33
Britta Lübbers	Oldenburg	Deutschland	Else, unbewacht	40
Wolfgang Mach	Bad Waldsee	Deutschland	Wirklichkeit flieht	95
Marina Maggio	Würzburg	Deutschland	Der Mond hob ...	69
Hans-Hermann Mahnken	Bremen	Deutschland	Herbstelegie	125
Jana Manthey	Berlin	Deutschland	Weißt du noch?	99
Sr. G. Maria	Brixen	Italien	Endlich	15
Pawel Markiewicz	Bielsk Podlaski	Polen	In deinen Worten	14
Mirko Alexander Marsollek	Karlsruhe	Deutschland	Tänzchen auf der Laderampe	154
Friederike Masawd	Wien	Österreich	Die Erde	123
matta lena	Diessenhofen	Schweiz	enteiste zeit	5
Elija J. Maus	Freiburg im Breisgau	Deutschland	Sehnsucht nach der Ferne	142
Anita Menger	Roth	Deutschland	Am Elfenteich	96
Elisabeth Menke	Rheda-Wiedenbrück	Deutschland	Ein junges Paar	17
Waltraud Merl	Deutsch-Griffen	Österreich	In der Urzeit	96
Norbert Mieck	Lüneburg	Deutschland	Der Herbst meiner Jahre	133
Travis Millin	Dortmund	Deutschland	So schmal	160
Ralfeva Millionär	Burgau	Deutschland	Mit Verlaub	41
Kathrin Minge	Leipzig	Deutschland	Warten	76
Helge H. Müller	Röttenbach	Deutschland	Dann	146
Kathrin Müller	Sinn	Deutschland	Das Unheil	144
Paul-Martin Mueller	Dresden	Deutschland	Nach der Zeit	43
Bernhard Müllner	Wien	Österreich	Die Liebe	58
Iris Muhl	Zürich	Schweiz	Zikadenfeuer	9
Oz Nabel	Witterswil	Schweiz	Burning flower	75
Erica Natale	Bielefeld	Deutschland	Tantalus	68
Michael Nenninger	Nürnberg	Deutschland	Endlos nach innen	42
Timo Niepel	Stolberg	Deutschland	Sommergedicht	11

Franziska Nöthen	Mechernich	Deutschland	Schluckbeschwerden	65
Luca-Leandra Nusche	Karlsruhe	Deutschland	Sonnenaufgang	17
Levent Oguz	Tübingen	Deutschland	Mitten im Mai	15
Birgit Oßwald-Krüger	Berlin	Deutschland	Nachtgefieder	144
Franz Ott	Köln	Deutschland	handvoll	145
Marianne Ottersdorf	Bremen	Deutschland	Rose im Eis	9
Dagmar Palmer	Nürnberg	Deutschland	Freudenrausch	16
Pashiba	Sandhausen	Deutschland	Traumaperlen	26
Gudrun Paul	Gießen	Deutschland	Glück auf!	56
Helmut Paust	Kiel	Deutschland	A...	43
Alexei Pavlovic	Hamburg	Deutschland	Anstand	110
Karl Petermann	Krummnußbaum	Österreich	Tage der Besinnung	143
Caroline Pfeffer	Hofheim	Deutschland	An Stadtgrenzen	48
Werner Pelzer	Bonn	Deutschland	Novemberblues	128
Sonja Penner	Völklingen	Deutschland	Harmonie	135
Jelena Perovanovic	Volketswil	Schweiz	Träume	48
Marco D. Petrik	Münchenbernsdorf	Deutschland	Stille Wandlung	38
Jolene Plich	Dinslaken	Deutschland	Meeresruf	83
Gerhard Pollheide	Sayalonga	Spanien	Über Dich und mich	57
Margitta Prehn	Strausberg	Deutschland	kaltes herz	10
Monika Preiß	Mainz	Deutschland	Der Paradiesvogel	60
Lucie Preißler	Gießen	Deutschland	Traumspüler	104
Peter Priesterroth	Mainz	Deutschland	Frühstück	64
Anita Prugger	Mals	Italien	staccato	17
Livia Püttmann	Detmold	Deutschland	Gefahr des Dichtens	39
Johanna Queitsch	Gevelsberg	Deutschland	Geh doch	152
Wolfgang Quer	Walsrode	Deutschland	Augenblicke	44
Wilhelm Rager	Schärding	Österreich	Im Norden wir hier	132
Thomas Rahe	Preußisch Oldendorf	Deutschland	Silberblauer Tag	138
Valentin Raskatov	Berlin	Deutschland	Verdrängung	153
Carsten Rathgeber	Petersberg	Deutschland	Seide	14
Vincent Reimann	Stuttgart	Deutschland	Schatten	119
Frauke Reinhardt	Dinkelsbühl	Deutschland	nachMittag	124
Ludwig Reiter	Wattens	Österreich	Puls	78
Thomas Renners	Coesfeld	Deutschland	Viel zu viel Empfindsamkeit	128
Karl Heinrich Reutlinger	Burgthann	Deutschland	Später ...	70
Renate Maria Riehemann	Osterode am Harz	Deutschland	Drei Stufen auf dem Tritt	21
Nathalie Ries	Ratingen	Deutschland	Grenzhäuschen	33
Christian Rilli	Leipzig	Deutschland	Licht & Schatten	47
Wolfgang Rinn	Reutlingen	Deutschland	Am Ziel angekommen	116

Ralf Risse	Vikesaa	Norwegen	Am Rotaugenstrauch	12
Wolfgang Rödig	Mitterfels	Deutschland	Tänzerin	96
Thomas Röhrl	Nürnberg	Deutschland	Im Schützengraben	108
Sylvia Sabrowski	Bottrop	Deutschland	Unverhöhnbar	109
Peter Salzmann	Altheim	Österreich	Herbstnebel	130
Maike Sattler	Aschaffenburg	Deutschland	So voller Hoffnung spiegelt...	139
Holger Sauer	Bielefeld	Deutschland	vergebliche Versuche ...	159
B. Schaldach-Helmlechner	Schlüchtern	Deutschland	Vielleicht auch Antworten	145
Andrea Schaufelberger	Hittnau	Schweiz	Himmelstanz	140
Thalissa Scheed	Neulengbach	Österreich	Machtlos	25
Nils Schehr	Hamburg	Deutschland	Nachts	21
Elisabeth Scheier	Mainz-Kastel	Deutschland	Platzregen pisst mir pausenlose entgegen ...	156
Josef Schenk	Wien	Österreich	Kein Liebesgeflüster	142
Nadja Scheuble	Lauchringen	Deutschland	Horizont	7
Norbert Scheurig	Haßmersheim	Deutschland	Schade oder Schade	90
Ann-Kathrin Schickinger	Bramberg	Österreich	Die Entfaltung	23
Moritz Schlenstedt	Dresden	Deutschland	Flieder	73
Daniela Schmidt	Ludwigshafen	Deutschland	Flandern	88
Tobias Schmidt	Freiburg im Breisgau	Deutschland	schlammbad	146
Anita Schmuck-Lopez	Stuttgart	Deutschland	Ein erster Strahl	12
Sigune Schnabel	Düsseldorf	Deutschland	Dämmern	16
Silvana E. Schneider	Germering	Deutschland	Begrenzt	32
Helmuth Schönig	Bochum	Deutschland	Abends am Meer	80
Dietmar Spitzner	Kühlungsborn	Deutschland	November	128
Dyrk-Olaf Schreiber	Berlin	Deutschland	Das Neue hält	13
Philipp Schubert	Ebersbach-Neugersdorf	Deutschland	Des Uhrzeigers Sinn	45
Christof Schwab	Ludwigsburg	Deutschland	Und ...	72
Dirk Schwann	Brachttal	Deutschland	Trauerrot	122
F. Schweighöfer-Kluge	Las Negras (Nijar)	Spanien	september 2001	123
Roswitha C. Schwenk	Reutlingen	Deutschland	Genozid	121
Dennis Seifert	Viersen	Deutschland	Stehend K.O.	32
Boris Semrow	Berlin	Deutschland	Entscheidung	79
Björn Siggelkow	Köln	Deutschland	still & einsam	10
Miriam Elena Sipala	Stuttgart	Deutschland	Galiza	82
Anna Skolicki	Zittau	Deutschland	Bahnhofsabschied	153
Iris Sondermann	Köln	Deutschland	Frage	79
Simon Sonnenberg	Gifhorn	Deutschland	antiseptic dreamlandscapes	165
souverena	Wiener Neustadt	Österreich	baby, I'm a heartbreaker	53
Roland Soyta	Salzgitter	Deutschland	Dialog im Himmel	20

Karsten Stapelfeldt	Steinburg	Deutschland	Nachtfalter	150
Michael Starcke	Bochum	Deutschland	schwierig	147
Martin Stauder	Regensburg	Deutschland	wie der frühling	13
Jan Stechpalm	Allschwil	Schweiz	Ode an den Mond	135
Diana Stein	Berlin	Deutschland	In meinen Träumen schweb ich fort	19
André Steinbach	Zittau	Deutschland	Erinnerung	42
Monika Steininger	Reichenthal	Österreich	Sinnsuche	42
Michael Steiof	Münster	Deutschland	Ist nur ein Traum, ist meine Stadt	48
Coretta Storz	Chemnitz	Deutschland	Ohne Schlüssel	56
Rolf Strack	Krefeld	Deutschland	Dein Wesen	40
Tina Straub	Salzkotten	Deutschland	Blickgeschick	46
Charles Stünzi	Brig-Glis	Schweiz	Sonettes Liebesgedicht	72
Volker Teodorczyk	Herne	Deutschland	Behördengang	33
Lydia Teuscher	Dormagen	Deutschland	Gestern	141
Helmut Tews	Ilsede	Deutschland	Braunlage, Frühjahr 1995, ehemalige Zonengrenze	34
Daniel Theler	Dietikon	Schweiz	Barockes Liebesgedicht	71
Ute-Marie Thiele	Phuket	Thailand	Gestrandet	81
Peter Thomas	Tholey	Deutschland	Schatten der Nacht	134
Andreas Till	St. Pölten	Österreich	liszt	95
U. Toczek-Fuentes Zayas	Frankfurt a.M.	Deutschland	Der Traum	49
Martin Trimmel	Theresienfeld	Österreich	Frühstück	17
Gerburg Tsekouras	Athen	Griechenland	Der Ärmste (in memoriam)	8
Ruth Tuschewski	Königsfeld	Deutschland	Worte als Waffen	30
Martin Ulmer	Dortmund	Deutschland	Ein Wort	107
Sarah Velasco-Sobeck	Hamburg	Deutschland	Er ohne Sie	116
Bernhard Veltmann	Itterbeck	Deutschland	Kalte Schlacht	65
Marco Oliver Villa	Berlin	Deutschland	vielleicht	38
Hans-Walter Voigt	Ludwigshafen	Deutschland	Unter dunkler Zeder	122
Thomas Volkermann	Bönen	Deutschland	Akrostichon	37
Holger Vos	Hatten	Deutschland	Reisetipps	173
Dr. Jens-Peter Voß	Berlin	Deutschland	Der Augenblick	55
Andreas Wachweger	Hamburg	Deutschland	Nordküsse	87
Markus Waldura	Sulzbach	Deutschland	Bitte an I	94
Theresia Wawra	Bad Doberan	Deutschland	Sonnenmensch	96
Elfriede Weber	Straubenhardt	Deutschland	Ankommen	84
Lars Weiser	Lennestadt	Deutschland	Der Liebe Treue	115
Dr. Heike Wenig	Dorsten	Deutschland	meine zärtlichkeit umfährt ...	56
Rafael Werner	Basel	Schweiz	Gegenregen	62

Anna Wessel	Chemnitz	Deutschland	Lob der Erdbeerkonfitüre	66
Hans-Georg Wigge	Delbrück	Deutschland	Liebesriese	58
Bilk van Willich	Hamburg	Deutschland	Wind	142
Gudrun Winkelhofer	Salzburg	Österreich	Sommernachtsrot	67
Barbara Winkler	Giesig	Deutschland	Engel der Hoffnung	8
Susanne Wirtz	Hürth	Deutschland	Bereshit	59
Alexandra Wisskopp	Nürnberg	Deutschland	Fernweh	105
Klaus Wittke	Braunschweig	Deutschland	Geweidete	41
Alexandra Wolf	Kiel	Deutschland	Unschuldsgrün	15
Johannes Wolf	Kirchroth	Deutschland	Meine Rinde bricht zur zweiten Geburt	137
Brigitta Wullenweber	Düren	Deutschland	Bestimmt	169
Svenja Wunderlich	Auerbach	Deutschland	Versenkung	165
Marcel Wyrobek	Paderborn	Deutschland	Buddelschiff am Horizont	92
Andreas Zbinden	Aesch	Schweiz	Liebendes Herz	77
Claudia Zentgraf	Heidelberg	Deutschland	Freundschaft	6
Detlev Zesny	Wabern	Deutschland	Wenn dir ein Traum die Freiheit schenkt	94
Frank Zillmann	Hattingen	Deutschland	Ruhe der Nacht	103
Brigitte Zimmeck	Langenberg	Deutschland	im zug	153
Cornelius Zimmermann	Sulzbach	Deutschland	endgültig	136

Gabriele Franke:
Blaues Lachen Bleibt
ISBN 978-3-938969-32-8

Silvana E. Schneider:
Café Einhorn
ISBN 978-3-938969-20-5

Ann-Helena Schlüter:
Flügelworte
ISBN 978-3-938969-25-0

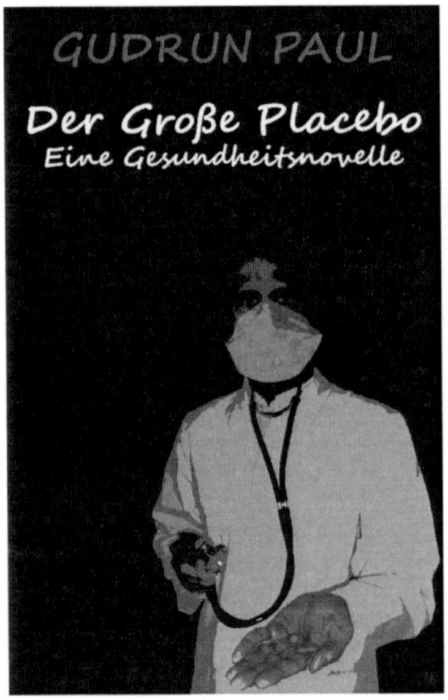

Gudrun Paul:
Der Große Placebo
ISBN 978-3-938969-15-1

Carsten Rathgeber:
Zwischenträume
ISBN 978-3-938969-29-8

Jutta Gornik:
Schön war's
ISBN 978-3-938969-31-1